Susanne Seethaler

Buddha
für unterwegs

Für Thây

IRISIANA

Inhalt

Vorwort   4

Buddha und seine Lehre   7
Der historische Buddha   8
Die vier edlen Wahrheiten   9
Der achtfache Pfad   15

Buddha auf dem Kissen   23
Zur Ruhe kommen   25
Atmen   28
Klar sehen   30

Buddha at Work   33
Der Achtsamkeitsweg   34
Der Klang der Glocke – kurze Momente
zum Durchatmen   36
Mit Ärger freundlich umgehen   39
Der innere Kritiker – abwertenden Gedanken bewusst
begegnen   42
Achtsames Sprechen   46
Das Beben des Herzens – Mitgefühl entwickeln   49
Das Gute im anderen erkennen   53

Buddha at Home   55

Der Boden, der mich trägt – Staubsaugermeditation   56

Der tägliche Handgriff – das Achtsamkeitsgeschenk   61

Das Buddha-Baby baden – meditatives Geschirrspülen   64

Säen und ernten – eine Gartenkontemplation   68

Das stille Örtchen   70

Der Neustart – glücklich im Miteinander   73

Sich selbst ein liebevoller Freund sein   77

Lazy Buddha   83

Lazy Day – ein Tag in Achtsamkeit   84

Mein Kopf in Buddhas Schoß – Meditation

bei Angst, Trauer oder Einsamkeit   88

Der Weg ist das Ziel – Gehmeditationen   91

Was passiert denn da? – Den Blick schärfen   97

In die Stille eintauchen – sanft einschlafen   100

Die Außerirdischen kommen – achtsam essen   102

Alles verändert sich – über den Fluss des Lebens

meditieren   104

Singen befreit – Mantras, die Kraft heiliger Worte   107

Zen-Kreis und Mandala – meditativ kreativ sein   109

Dem Buddha danken – sich vor dem Leben verbeugen   114

Literatur und Adressen   117

Die Autorin   118

Vorwort

Kennen Sie das auch? Sie möchten mehr für Ihre körperliche oder seelische Gesundheit tun und in Beruf und Alltag kürzertreten, aber der innere Schweinehund macht Ihnen einen Strich durch die Rechnung. Sie haben schon seit Ewigkeiten vor, sich für einen Meditationskurs anzumelden, aber irgendwie kommt immer etwas dazwischen. Sie möchten ruhiger und gelassener werden, aber Ihr momentanes Leben lässt dies nicht zu. Sie drehen sich am Morgen lieber noch mal im Bett um, als sich verschlafen aufs Kissen zu setzen, um zu meditieren, und am Abend entspannt es sich viel leichter mit einem Glas Rotwein vor dem Fernseher als beim Achtsamkeitskurs an der Volkshochschule.

Kurz gesagt, in Ihnen brennt zwar die Sehnsucht, einen Gang runterzuschalten und etwas mehr Klarheit und Entspannung im Alltag zu gewinnen, aber es fehlt Ihnen schlichtweg an der nötigen Zeit und vielleicht auch am Antrieb, Ihr Vorhaben wirklich anzugehen.

Unter den Schülern des Buddha gab es damals, vor mehr als 2500 Jahren, nicht nur Mönche und Nonnen, sondern auch Geschäftsleute, Bauern und Beamte. Sie alle gingen ihren Berufen nach und hatten, wie viele von uns heutzutage auch, schlichtweg keine Zeit, sich Stunden oder sogar tagelang meditierend unter einen Baum zu setzen. Sie lauschten dennoch mit Begeisterung den Lehren des Buddha und ließen sich von ihm Meditationsanweisungen geben, die auch im Alltag praktizierbar waren.

Für den Buddha war es wichtig, dass sich nicht nur seine Mönche und Nonnen mit seinen Lehren und der dazugehörigen Praxis beschäftigten. Achtsamkeit, Mitgefühl und Weisheit sollten sich überallhin verbreiten und heilsame Früchte tragen. In den 1950er-Jahren kam der Buddhismus im Westen an. Bis heute unterrichten namhafte Lehrer in Klöstern und Zentren in ganz Europa und Amerika. Meditationen und Praxisanleitungen wurden im Laufe der Zeit behutsam den Bedürfnissen und dem Denken unserer modernen Zivilisation angeglichen.

Buddha für unterwegs nimmt Sie mit auf eine achtsame Reise durch den Alltag. Der Schwerpunkt liegt auf Meditationen und Übungen, die Sie im wahrsten Sinne des Wortes »unterwegs« oder während eines ganz normalen Tages zu Hause ohne besondere Vorkenntnisse und ohne oder nur mit wenig Vorbereitung praktizieren können. Fast alle Übungen sind variabel einsetzbar. Sie können also auch Meditationen aus dem Kapitel *Buddha at Home* in der Arbeit anwenden und umgekehrt. Bewusst habe ich – mit Ausnahme der drei Basisanleitungen im Kapitel *Buddha auf dem Kissen* – auf klassische Meditationen im Sitzen verzichtet. *Buddha für unterwegs* begleitet Sie, wohin Sie auch immer gehen, und er holt Sie dort ab, wo auch immer Sie gerade sind. Das kann am Schreibtisch im Büro, draußen in der Natur oder am Küchenherd sein. Binnen Minuten sorgt er auch im größten Trubel für kleine Inseln der Entspannung und Ruhe.

Buddha
und seine Lehre

Die Grundlagen in wenigen Worten

»Es gibt keinen Weg zum Glück.
Glücklich sein ist der Weg.«

Buddha

Der historische Buddha

Um das Jahr 500 vor unserer Zeitrechnung (ein genaues Geburtsjahr ist historisch nicht überliefert) erblickte Siddhartha Gautama im heutigen Nepal das Licht der Welt. Der Sohn eines Königs sollte später als »Buddha«, also als sogenannter Erleuchteter, in die Annalen der Weltgeschichte eingehen. Doch zunächst durchlief der Junge die normale Laufbahn eines Kronprinzen. Er wuchs im Palast seines Vaters auf und genoss alle Annehmlichkeiten eines reichen und privilegierten Lebens, bis im Alter von 29 Jahren jene Wende kam, die bereits die Wahrsager vor seiner Geburt prophezeit hatten: Siddhartha verließ die schützenden Mauern des Palastes, um sich der Realität des wirklichen Lebens zu stellen. Er begegnete alten und kranken Menschen, sah Siechtum und Elend bis hin zum Tod und wurde letztendlich mit der gesamten Palette menschlichen Leidens konfrontiert.

Zutiefst berührt von diesen Erfahrungen beschloss er, seinem bisherigen Leben komplett den Rücken zu kehren, um einen Weg aus diesem Leiden zu finden. Er tauschte seine prunkvollen Kleider gegen eine schlichte Robe und begab sich auf Wanderschaft, um bei Asketen und anderen spirituellen Lehrern verschiedenste Meditationsformen zu erlernen. Sein innerer Weg führte ihn zunächst durch viele Entsagungen und Entbehrungen, sodass er schließlich vollkommen entkräftet war, doch die Befreiung von Leid erreichte er dadurch nicht.

Nach sechs langen Jahren beschloss Siddhartha, sich so lange meditierend unter einen Baum zu setzen, bis er eine Antwort auf die Frage gefunden hatte, warum Menschen leiden und wie sie dieses Leiden beenden können. Ihm war letztlich klar geworden, dass es einen gemäßigteren, einen mittleren Weg – zwischen Askese und Ekstase – zum gewünschten Ziel hin geben musste. Nach sieben Tagen in tiefer Meditation – andere sprechen auch von sieben Wochen – hatte er die Lösung in Form der sogenannten vier edlen Wahrheiten gefunden. Von nun an bezeichnete er sich als Buddha und begann Schüler um sich herum zu versammeln, um mit ihnen sein Wissen zu teilen. Im hohen Alter von 80 Jahren starb der Buddha nach unermüdlichem Lehren im Kreise seiner treuesten Anhänger.

Die vier edlen Wahrheiten

Neben seiner Erleuchtungserfahrung unter dem Bodhibaum hatte der Buddha also auch ein paar recht eindrückliche Eingebungen, die man als seine wichtigsten Erkenntnisse bezeichnen darf. Da sind zunächst einmal die vier edlen Wahrheiten, die Quintessenz der Lehre.

1. Leben ist sowohl geistig als auch körperlich leidvoll.
2. Leiden entsteht durch Anhaften.
3. Den Zustand, in dem kein Anhaften mehr entsteht, nennt man Erleuchtung.
4. Der Weg, der zum Nicht-Anhaften führt, gliedert sich in acht Teile:

- Rechte Sicht, rechtes Verstehen
- Rechte Absicht, rechtes Streben, rechter Entschluss
- Rechte Rede
- Rechtes Handeln
- Rechter Lebenserwerb
- Rechtes Bemühen
- Rechte Achtsamkeit
- Rechte Sammlung, rechte Konzentration

Die erste edle Wahrheit

Die erste edle Wahrheit lautet: »Leben ist sowohl geistig als auch körperlich leidvoll.« Oder noch einfacher ausgedrückt: »Leben an sich ist leidvoll.« Das ist eine ganz schön heftige Ansage und viele Menschen erschrecken bei diesen Worten gehörig. Die meisten empfinden diese »Wahrheit« als negativ, obwohl wir alle schon mal gelitten haben und wissen, dass keiner vom Leid verschont bleibt. Erfahrungen wie Krankheit, Trennung, Altern und Tod betreffen uns alle, ohne Ausnahme.

Viele bringen bei den Worten des Buddha sehr schnell Gegenargumente an, wie beispielsweise: Ach, es gibt doch auch wunderbare Momente im Leben! Dabei übersehen sie, dass der Buddha mit diesem Satz viel tiefer gehen will. Er hat nämlich erkannt, dass wir das Leiden meistens verdrängen wollen, obwohl uns klar ist, dass wir als fühlende Wesen zwangsläufig leiden müssen. Doch dadurch leiden wir noch viel mehr.

Dem Buddha war nach seiner Erleuchtungserfahrung unmissverständlich klar geworden, dass das Leiden nicht nur intellektuell erkannt werden muss, sondern dass es nur dann verstanden werden kann, wenn es in seiner ganzen Tiefe erfahren und mit Hingabe »umarmt« wird. Erst wenn wir lernen, bedingungslos anzunehmen, was immer auch gerade geschieht, und die Gefühle, die damit einhergehen, anerkennen und durchleben, können wir letztendlich auch wieder loslassen und uns so vom Leiden befreien.

»Da ist das Leiden. Leiden sollte tief verstanden werden. Leiden wurde verstanden«, erklärte der Buddha seinen Schülern, die sich um ihn geschart hatten. In Hinsicht auf die erste edle Wahrheit bedeutete sein »Erwachen« also schlichtweg, dass der Buddha die Tatsache, dass er und alle anderen fühlenden Wesen litten und immer wieder leiden werden, tief im Herzen verstanden und bedingungslos angenommen hatte.

Die zweite edle Wahrheit

Sie lautet: »Leiden entsteht durch Anhaften.« Oder auch: »Die Ursache von Leiden ist Verlangen.« Als ich diese Worte erstmals während eines Meditationskurses zu hören bekam, hatte ich keine Ahnung, was sie bedeuteten. »Da ist Leiden …«, hat der Buddha in seiner ersten edlen Wahrheit gesagt. Das ist nun mal Fakt. Wir Menschen sind fragile, zerbrechliche Wesen und leiden auf mannigfache Weise. Ein Leugnen des Leidens ist also sinnlos. Doch das Problem ist, dass wir es entweder sofort loswerden, verdrängen oder unterdrücken wollen oder dass wir es durch unsere ständig darum kreisenden Gedanken unnötig lange mit uns herumtragen.

Buddha hat also herausgefunden, dass wir vor allem dann leiden, wenn wir unangenehmen Gefühlen aus dem Weg gehen wollen, aber auch dann, wenn wir das Angenehme – mit seinen schönen und wohligen Gefühlen – unbedingt behalten wollen oder den positiven Emotionen und Gefühlen permanent hinterherjagen. Mit dem »Verlangen« beziehungsweise dem »Anhaften«, ein Wort, das der Buddha übrigens sehr häufig gebraucht hat, ist also, vereinfacht ausgedrückt, dieses permanente Haben-Wollen oder auch Nicht-Haben-Wollen gemeint, das uns Menschen ständig auf Trab hält und uns davon abbringt, ruhig und gelassen mit dem Fluss des Lebens mitzufließen. Sie sind die Ursache des Leidens.

Die dritte edle Wahrheit

So kommen wir zur dritten edlen Wahrheit, die da lautet: »Den Zustand, in dem kein Anhaften mehr entsteht, nennt man Erleuchtung.« Oder auch: »Erlischt das Verlangen, die Ursache von Leid, erlischt das Leiden.«

Auch diese Aussage ließ mich beim ersten Lesen zunächst ratlos zurück und es dauerte eine Weile, bis ich mithilfe weiterer Aussagen des Buddha hinter des Rätsels Lösung kam. Ich nehme mal an, dass manche seiner Schüler über die dritte edle Wahrheit nicht schlecht staunten.

Im Grunde spricht der Buddha nämlich nur noch einmal deutlich aus, was er mit der zweiten edlen Wahrheit bereits angedeutet hat: Lass los, was losgelassen werden kann, und nimm hin, was sich nicht ändern lässt! Lass vor allem aber dein Jagen nach Glück los, denn es wird dich auf Dauer nicht glücklich machen! Alles, wirklich alles unterliegt dem ständigen Wandel. Sich nach dauerhaftem Glück zu sehnen ist eine Illusion, die es aufzugeben gilt. Dieses Anhaften, das Verlangen ist eine der stärksten Fesseln überhaupt. Sich davon zu befreien, bedeutet, wahre Freiheit im Herzen zu erlangen. Dann beginnen wir uns dem zu stellen, was gerade ist, der Realität – und werden darin unser wahres Glück finden.

Die vierte edle Wahrheit

Nun kommen wir zur vierten edlen Wahrheit. Sie beinhaltet im Grunde den Fahrplan, den der Buddha uns an die Hand gibt, damit wir es schaffen, uns vom Leiden zu befreien und alles Anhaften hinter uns zu lassen. »Der edle achtfache Pfad führt aus dem Leiden heraus«, erklärte der Buddha seinen Schülern und Schülerinnen – und somit auch uns.

In anderen Worten: »Der Weg, der zum Nicht-Anhaften führt, gliedert sich in acht Teile.« Ich nehme mal an, dass seine Schüler und Schülerinnen auch über diese Aussage verwundert waren, denn zu Buddhas Lebzeiten ging man eher davon aus, dass nur Askese, Kasteiung und vollkommener, meditativer Rückzug von der Welt die inneren Fesseln menschlichen Leidens sprengen könnten. Der Pfad des Buddha entpuppte sich aber – wie Sie gleich sehen werden – als »mittlerer«, weil nämlich gemäßigter Weg, den nicht nur Asketen, weltabgewandte Yogis oder Mönche und Nonnen beschreiten konnten. Dieser Weg führt auch heute noch mitten durch den Alltag der Menschen hindurch und war vor mehr als 2500 Jahren geradezu revolutionär.

Alle Übungen und Meditationen in diesem kleinen Büchlein beziehen sich auf die eine oder andere Art und Weise auf den achtfachen Pfad.

Hier noch einmal die Auflistung zur Erinnerung:

- Rechte Sicht, rechtes Verstehen
- Rechte Absicht, rechtes Streben, rechter Entschluss
- Rechte Rede

- Rechtes Handeln
- Rechter Lebenserwerb
- Rechtes Bemühen
- Rechte Achtsamkeit
- Rechte Sammlung, rechte Konzentration

Der achtfache Pfad

Es ist ein Pfad des »rechten Lebens«. Bis heute diskutieren Fachleute über die genaue Auslegung des Wörtchens »recht«. Den Buddha können wir dazu nicht mehr befragen, aber unter namhaften Buddhisten und in den entsprechenden Expertenkreisen ist man sich einig, dass damit nicht »richtig« im herkömmlichen Sinne gemeint ist. Vielmehr beschreibt es eine aufrichtige, ernsthafte Haltung, mit der man sich den einzelnen Teilen des Pfades nähert, um sich dann auf achtsame Art und Weise darin zu üben.

Die rechte Sicht, das rechte Verstehen

Das rechte Verstehen ist meinem eigenen Verständnis nach eine der Grundvoraussetzungen, um sich überhaupt auf den achtfachen Pfad begeben zu können. Wir müssen schlichtweg verstehen, um was es eigentlich geht. Sich im rechten Verstehen beziehungsweise in der rechten Sicht zu üben, bedeutet, sich meditativ und kontemplativ mit den Erkenntnissen des Buddha auseinanderzusetzen, um sie letztendlich tief zu verinnerlichen. Erst dann erkennen wir die Wahrheit hinter den vier edlen Wahrheiten in ihrer ganzen Tragweite und wir verstehen, dass alles, was entsteht, auch wieder vergeht. Das Leben an sich ist dem ständigen Wandel unterworfen. Wir haben nichts unter Kontrolle, denn alles befindet sich im Fluss und verwandelt sich ohne unser Zutun. Dies in der Tiefe zu erkennen und intuitiv mit dem Herzen zu verstehen und anzunehmen, wird unter anderem als »rechtes Verstehen« bezeichnet.

Die rechte Absicht, das rechte Streben, der rechte Entschluss

Der rechte Entschluss ist eine aufrechte innere Haltung, unseren Weg auf diesem Pfad unbeirrbar zu gehen und nach der Wahrheit in uns zu forschen. Dieses Streben, die rechte Absicht, ist eine sehr kraftvolle Energie und nicht mit dem bereits besprochenen Verlangen oder Anhaften gleichzusetzen. Wir streben nach dem Kern unseres Daseins, nach Liebe und nach Freiheit. Der Buddha sprach in diesem Zusammenhang auch von der »rechten Absicht«, Licht ins Dunkel unseres Herzens zu bringen, also auch jene besondere Klarheit zu gewinnen, die dazu führt, unabhängige und weise Entscheidungen zu treffen.

Die rechte Rede

Die rechte Rede berührt nun tatsächlich sehr konkret unseren Alltag. Aber warum soll ausgerechnet dieser Punkt zu einem Leben ohne Leiden führen? Vergessen Sie nicht, dass mit »recht« auch achtsam und aufrichtig oder wahr-

haftig gemeint ist. Wer sich also in aufrichtiger und achtsamer Rede übt, dem ist bewusst, was unüberlegte und ungeprüfte Worte bei anderen anrichten können. Sie können unser Gegenüber verletzen. Also beginnen wir, sorgsamer mit unseren Worten umzugehen. Wir üben uns zum Beispiel darin, nicht mehr zu schwindeln oder Unwahres zu erzählen. Wir hören auf, Klatsch und Tratsch zu verbreiten, und sprechen nur über Dinge, von denen wir wissen, dass sie der Wahrheit entsprechen. Wir lassen die Wahrheit zu unserer Zuflucht werden, wie es der vietnamesische Zen-Meister Thich Nhat Hanh sinngemäß in seinen Belehrungen ausdrückt.

Die rechte Rede bewirkt, dass uns die Menschen, mit denen wir in Berührung kommen, mehr und mehr vertrauen. Sie fühlen, dass sie bei uns sicher sind, und schenken uns im Gegenzug ihre Offenheit und Zuneigung.

Das rechte Handeln

Wer lernt, mitfühlend und empathisch zu handeln, dem öffnet sich ein ungeahnter innerer Raum, in dem Wohlwollen, Freundlichkeit und Liebe vorherrschen. Einengend und fesselnd sind im Grunde immer jene Handlungen – und auch Worte –, die auf Abwehr, Ausgrenzung und Verhärtung basieren. Üben wir uns im rechten Handeln, dann beginnen wir, behutsamer mit uns selbst und anderen umzugehen, immer in dem Bewusstsein, dass unachtsames Handeln andere und uns selbst verletzen kann. Rechtes Handeln bedeutet, stets im Sinne des Buddha zu agieren und zu reagieren und alles dafür zu tun, damit sich Mitgefühl, Freude, Gelassenheit und Liebe in der Welt manifestieren. Es beinhaltet also auch, anderen zu helfen, ohne nach einer Belohnung oder nach Selbstbestätigung zu streben.

Der rechte Lebenserwerb

Die rechte Rede, das rechte Handeln und der rechte Lebenserwerb bilden den moralischen Aspekt des achtfachen Pfades. Wir sind aufgerufen, unsere Werte zu prüfen und Verantwortung zu übernehmen. In Zeiten von Arbeitslosigkeit und geringen Löhnen ist es sicher nicht einfach, den Beruf nach moralischen Werten auszurichten. Dennoch sollten wir uns bemühen, durch unsere Lebensweise anderen Menschen und der Natur nicht zu schaden.

Sind uns vielleicht im Beruf die Hände gebunden, weil wir es uns einfach nicht leisten können, nach einer neuen Arbeitsstelle zu suchen, dann können wir uns wenigstens als Konsumenten verantwortungsbewusst verhalten und uns als Bewohner dieser Erde in anderen Bereichen für eine bessere Welt einsetzen. Wir können beispielsweise aufhören, anderen Lebewesen, vor allem Tieren, absichtlich zu schaden oder Konzerne zu unterstützen, die uns und unseren Planeten gefährden oder nachweislich schaden.

Das rechte Bemühen

Das rechte Bemühen beschreibt meiner Ansicht nach die Begeisterung und die Freude, die sich einstellen, wenn wir merken, dass wir uns in eine gute und heilsame Richtung bewegen. In der Folge beginnen wir uns aufrichtig zu bemühen, den Weg des Buddha Schritt für Schritt weiterzugehen. Diese Begeisterung inspiriert uns, sie hält uns bei der Stange und bewahrt uns davor, vorzeitig aufzugeben.

Rechtes Bemühen muss demzufolge immer wieder neu genährt werden, damit das Feuer ins uns nicht vorzeitig erlischt. Um wirklich dranzubleiben ist es gut, unheilsame Energien, wie das berühmte Gedankenkarussell, zu vermeiden oder zumindest zu drosseln und heilsame Energien, beispielsweise durch Meditation oder bestimmte Körperübungen, zu fördern. Außerdem ist es sehr hilfreich, sich Gleichgesinnte zu suchen und im Austausch mit guten Freunden Inspiration und Unterstützung für diesen speziellen inneren Weg zu suchen. So kann der Ansporn wachsen, wir entwickeln den nötigen Forschergeist und bewahren uns unsere frische Neugierde auf das, was hinter der nächsten Wegbiegung auf uns warten mag.

Die rechte Achtsamkeit

Thich Nhat Hanh beschreibt, dass die Praxis der Achtsamkeit ein Gefühl des Wohlbehagens erzeugt. Es ist eine Übung in liebevoller Zuwendung. Üben wir uns in rechter Achtsamkeit, dann bedeutet dies, dass wir uns jedem Moment des Lebens voll und ganz auf liebevolle und zärtliche Weise zuwenden. Ähnlich einer Mutter, die ihr Kind beim Spielen beobachtet. Achtsam zu sein heißt, jede noch so scheinbar banale Erfahrung bewusst und wach zu beobachten und zu erleben. Diese Erfahrungen umschreiben Körper und Geist und beziehen sich sowohl auf die Innen- als auch auf die Außenwelt. Manchmal wird Achtsamkeit auch mit Gewahrsein umschrieben. Wir sind uns gewahr, was gerade geschieht. Der Geist ist offen und das Herz ist für alles empfänglich, ohne zu bewerten oder zu urteilen. Wir beobachten und akzeptieren die Dinge so, wie sie gerade sind. Entscheidungen, die aus einem achtsamen und klaren Geist heraus entstehen, zeugen immer von tiefer Weisheit und Verstehen.

Die rechte Sammlung, die rechte Konzentration

Um überhaupt alle anderen Punkte des achtfachen Pfades entwickeln zu können, braucht es noch die rechte Konzentration. Sie wird in der Welt des Buddha hauptsächlich mithilfe von verschiedenen Meditationstechniken geübt. In dieser komplexen Welt unterscheidet man in der Regel zwischen Sammlungs- und Einsichtsmeditationen. Bei der rechten Sammlung geht es also vorwiegend um die Praxis der Sammlung. Klassische Formen sind Meditationen auf den Atem oder andere Objekte, auf die sich der Geist während einer Sitzung versucht zu konzentrieren, damit er zur Ruhe kommt. Aber auch Klänge oder Sätze, wie Mantren oder klassische, buddhistische Wunschgebete, dienen der Konzentration des Geistes. Im Rahmen von Einsichtsmeditationen, wie beispielsweise der Vipassana-Meditation (*Vipassana* heißt übersetzt: »Einsicht in die Dinge, wie sie sind«) gewinnt der Geist Erkenntnisse, die oft weit jenseits der intellektuellen Verstandesebene liegen.

Ihr Weg zum Buddha

Alles, was Sie bis hierher gelesen haben, fließt in die Meditationen und Übungen der nächsten Kapitel ein. Es kann Ihr Weg durch den Alltag hin zu Buddha, hin zum Erwachen werden. Zumindest aber hin zu einem Leben mit viel Entspanntheit und möglichst wenig Leid.

Buddha
auf dem Kissen

Klassische Meditationen im Sitzen

»Nimm dir jeden Tag die Zeit,
still zu sitzen und auf die Dinge zu lauschen.
Achte auf die Melodie des Lebens,
die in dir schwingt.«

Buddha

Der Buddha verbrachte vermutlich einen Großteil seines Erwachsenenlebens sitzend in Meditation. In dieser Position wird er auch heute noch am häufigsten dargestellt. Tatsächlich hat er bei seinen Schülern großen Wert auf eine solide Sitzmeditation gelegt, denn in dieser Haltung kann man am besten Achtsamkeit und Sammlung üben. Sie finden hier drei Anleitungen zur klassischen Sitzmeditation, die Sie später leicht abgewandelt auch im Alltag, beispielsweise beim Fahren mit öffentlichen Verkehrsmitteln, im Auto oder im Büro, anwenden können.

Tipps zum Sitzen

Sie benötigen nicht zwingend ein Meditationskissen, ein Stuhl tut es auch. Wichtig ist, dass Sie so aufrecht wie möglich sitzen und dass Ihre Fußsohlen, sofern Sie einen Stuhl benutzen, auf dem Boden aufliegen. Dazu ist es notwendig, dass Sie sich weiter vorn als üblich auf den Stuhl setzen und sich nicht anlehnen. Stellen Sie die Füße etwa hüftbreit auseinander und parallel. Im Fachhandel sind Keilkissen erhältlich, die Ihre Wirbelsäule beim Aufrichten unterstützen. An einem Arbeitsplatz, an dem Sie viel sitzen, kann sich ein solches Kissen ebenfalls bewähren. Egal, welche Sitzform Sie wählen, achten Sie darauf, dass Sie während der Meditation nicht auskühlen. Nehmen Sie sich eine Decke oder ein Tuch zu Hilfe.

Zur Ruhe kommen

Zu Zeiten des Buddha standen die Menschen vielleicht noch nicht so sehr unter Stress wie wir heutzutage, aber auch sie hatten mit unangenehmen Alltagssituationen zu kämpfen. So gelang es selbst den ordinierten Schülern und Schülerinnen des Buddha ganz bestimmt nicht immer, ruhig und konzentriert zu meditieren. Um den Geist, der manchmal wie ein unruhiges kleines Äffchen in unserem Inneren umhertobt und von einem Gedanken zum nächsten hüpft, zur Ruhe zu bringen, kann es helfen, sich zunächst dem eigenen Körper zuzuwenden. Dies lernen Sie in folgender erster Übung.

Übung

Begeben Sie sich in Meditationshaltung – ob auf dem Kissen oder einem Stuhl. Wichtig ist, dass Sie sich in dieser Haltung entspannen können, damit sich Ihr Geist im wahrsten Sinne des Wortes im Körper niederlassen kann und sich nicht mehr in Gedanken, Sorgen oder Tagträumen verliert.

Schließen Sie die Augen und richten Sie die Aufmerksamkeit für einen Moment auf das Heben und Senken der Bauchdecke. Beobachten Sie das Ein- und Ausatmen und machen Sie sich bewusst, dass dies ganz von allein geschieht. Der Körper atmet ohne Ihr Zutun und ohne zusätzlichen Kraftaufwand. Sie dürfen den Fluss des Atems einfach geschehen lassen.

Wenn Sie bemerken, dass durch die Beobachtung des Atems etwas Ruhe in Ihren Geist eingekehrt ist, lenken Sie den Fokus Ihrer Aufmerksamkeit nach unten auf die Füße.

Nehmen Sie wahr, wie sich Ihre Füße anfühlen, und wandern Sie dann Schritt für Schritt weiter nach oben. Scannen Sie praktisch jeden Körperteil und spüren Sie in ihn hinein. Von den Füßen über die Fußgelenke, Waden,

Schienbeine, Knie und Oberschenkel hinauf zu den Hüftgelenken, zum Becken, zum Gesäß und zum Bauch. Weiter über den Brustkorb, die Schultern und Schultergelenke zum Hals. Von dort zu den Armen, Ellbogen, Unterarmen, Handgelenken, Händen und Fingern. Danach zum Nacken und zum Kopf. Wandern Sie mit achtsamer Sorgfalt über den Schädel bis hin zum Gesicht. Erkunden Sie Ohren, Augen, Nase und Mund. »Ertasten« Sie quasi mit Ihrem Gespür die Augenhöhlen, die Kiefergelenke und Schläfen. Wann immer Sie Schmerz erfahren, registrieren Sie dies sanft und, soweit es Ihnen möglich ist, annehmend und wandern Sie dann mit der Aufmerksamkeit weiter.

Beenden Sie den »Bodyscan« mit der Haut, die Ihren gesamten Körper umgibt, und bleiben Sie noch ein paar Minuten sitzen. Wenn Sie möchten, dann können Sie zum Schluss der Übung den Fokus wieder auf den Atem beziehungsweise auf das Heben und Senken der Bauchdecke lenken.

Tipps

Der Bodyscan lässt sich auch prima im Liegen praktizieren. Eine Decke schützt Sie dann vor dem Auskühlen.

Sie können direkt nach dem Scannen eine der beiden folgenden Meditationsübungen anhängen, denn der Geist ist nun so weit beruhigt, dass er sich viel leichter darauf einlassen kann.

Atmen

Der Atem ist das häufigste Meditationsobjekt überhaupt. Das ist kein Wunder, denn er ist stets verfügbar. Wir tragen ihn immer mit uns und müssen nichts aktiv dafür tun. Unser Körper atmet ganz von allein. Die Konzentration auf den Atem hilft dem Geist, sich zu beruhigen, und schärft seine natürliche Fähigkeit, wach und aufmerksam zu sein. Thich Nhat Hanh bezeichnet den Atem als ein Fahrzeug, das uns zuverlässig und ohne großen Aufwand ins Hier und Jetzt transportieren kann.

Meditation

Begeben Sie sich in eine für Sie vertraute Meditationshaltung oder setzen Sie sich einfach so aufrecht wie möglich auf einen Stuhl. Eine entspannte, aufgerichtete Wirbelsäule unterstützt den natürlichen Fluss des Atems.

Schließen Sie die Augen und atmen Sie ein paar Mal kräftig durch. Falls Sie innerlich sehr aufgewühlt oder unruhig sind, können Sie vorab Ihren Körper scannen (ab Seite 25). Richten Sie dann die Aufmerksamkeit auf die Bauchdecke und beobachten Sie ihr Heben und Senken. Bleiben Sie entspannt und versuchen Sie nicht, den Atemfluss zu verändern. Meist will der Geist sofort korrigierend eingreifen.

Beobachten wir bei uns eine flache Atmung, denken wir vielleicht, diese sei falsch. Wir haben möglicherweise ein Bild davon im Kopf, dass man beim Meditieren zum Beispiel stets ruhig und gleichmäßig atmet. Also versuchen wir, manchmal sehr subtil, in die Atmung einzugreifen. Beobachten Sie dieses Phänomen so freundlich und gelassen wie möglich und atmen Sie einfach weiter.

Um die Aufmerksamkeit bei der Bauchdecke halten zu können, ist es hilfreich, beim Einatmen im Stillen »ein« und beim Ausatmen entsprechend »aus« zu sagen. Achten Sie dabei aber darauf, dass Sie nicht mechanisch werden. Unser wendiger Geist ist sehr trickreich. Er sucht sich Schlupflöcher, um der Monotonie zu entkommen. Während Sie also brav »ein« und »aus« vor sich hersagen, kann Ihr Geist schon längst über alle Berge sein und sich tagträumend anderweitig vergnügen.

Bleiben Sie so lange wie möglich mit der Konzentration beim Atem und holen Sie Ihren Geist immer wieder sanft und geduldig zum Meditationsobjekt, also zum Atmen, zurück. Sie werden feststellen, dass Sie dies anfangs sehr oft tun müssen, aber das ist zu Beginn dieser Praxis vollkommen normal.

Tipps

Überfordern Sie sich nicht. Starten Sie zunächst mit etwa fünf Minuten. Statt »ein« und »aus« können Sie auch von eins bis zehn zählen, indem Sie zunächst einatmen und beim Ausatmen im Stillen »eins« sagen. Fahren Sie fort bis zehn und beginnen Sie dann wieder von vorn.

Klar sehen

Eine der Grundvoraussetzungen für ein tiefes Verständnis des Lebens ist eine klare Sicht. Das Wort »Erleuchtung« deutet darauf hin. Ein Buddha, also ein erleuchtetes Wesen, hat, um es einfach auszudrücken, im wahrsten Sinne des Wortes Licht ins Dunkel seines Geistes gebracht. Ein Buddha erkennt klar und deutlich, wie das Leben funktioniert, und kann aus dieser Erkenntnis heraus weise Entscheidungen für das Wohl aller treffen.

»Klares Sehen« ist also eine äußerst wichtige Meditationspraxis, mit deren Hilfe wir lernen können, unseren Blick unverstellt und ohne die Dinge zu bewerten oder zu verurteilen auf die Realität zu lenken.

Meditation

Nehmen Sie sich für mindestens zehn Minuten eine Auszeit und ziehen Sie sich an einen ruhigen Ort zurück, an dem Sie nicht gestört werden können. Setzen Sie sich, entweder in eine klassische Meditationshaltung oder auf einen Stuhl, so aufrecht wie möglich, und schließen Sie die Augen. Lassen Sie sich in Ihrem Körper nieder und entspannen Sie sich, soweit es im Moment möglich ist. Falls Sie sich unruhig fühlen und bemerken, dass Ihr Geist flatterhaft und fahrig ist, dann kann es hilfreich sein, zunächst mit der Aufmerksamkeit durch den Körper zu scannen (siehe ab Seite 25). Wenden Sie sich danach dem Atem zu, indem Sie beispielsweise das Heben und Senken der

Bauchdecke beobachten. Benennen Sie dabei die sich hebende Bewegung im Stillen mit »ein«, entsprechend für das Einatmen, und das Senken der Bauchdecke mit »aus«. Bleiben Sie eine Weile beim Atmen, bevor Sie Ihre Wahrnehmung weiter ausdehnen.

Unser Körper ist ein lebendiges Wesen. Gerade in Meditation, wo wir gezwungen sind, ruhig dazusitzen, rückt dies viel klarer in den Vordergrund. Mal zwickt es in der Schulter, mal juckt es am Arm. Nach einer Weile schmerzt der Rücken oder die Beine schlafen ein. Es kribbelt in der Nase oder ein Hustenreiz quält uns. Es ist ständig was los.

Wandern Sie nun jedes Mal, wenn Sie etwas Dementsprechendes im Körper bemerken, mit Ihrer Aufmerksamkeit an genau diese Stellen und beobachten Sie, was passiert. Benennen Sie, ähnlich wie beim Atmen, die Empfindungen Ihres Körpers im Stillen: Sagen Sie zum Beispiel »brennen«, »jucken« oder »Schmerz«. Versuchen Sie, nicht auf die Erfahrungen zu reagieren, sondern seien Sie ein sorgfältiger, stiller Beobachter, der weder bewertet noch verurteilt, was da gerade geschieht. Halten Sie Ihren Geist geschmeidig, indem Sie mit ihm wachsam von einem Phänomen zum nächsten wandern. Benennen Sie so jede Empfindung des Körpers und kehren Sie dazwischen immer wieder zum Atem beziehungsweise zur Bauchdecke zurück. Das Leben befindet sich im Fluss und verändert sich ständig. Der Körper bildet da keine Ausnahme, auch er ist dem Wandel unterworfen.

Buddha
at Work

Meditationen für Job und Beruf

»Verweile nicht in der Vergangenheit,
träume nicht von der Zukunft.
Konzentriere dich
auf den gegenwärtigen Moment.«

Buddha

Der Achtsamkeitsweg

Die meiste Zeit unseres aktiven Erwachsenenlebens verbringen wir im Beruf. In diesen hektischen und immer schneller werdenden Zeiten sind viele Menschen dort enormem Druck ausgesetzt. Doch selbst im größten Stress ist es möglich, achtsam zu bleiben und für einen kurzen Moment zu entschleunigen, um sanft und gelassen wie ein Buddha den Berufsalltag zu bewältigen.

Meditation

Jeder Arbeitsplatz wartet mit routinemäßigen Handgriffen und Wegen auf, die wir täglich ausführen beziehungsweise beschreiten. Wir fahren jeden Tag zur Arbeitsstelle, bedienen unsere Computer oder Handwerksgeräte, benutzen dieselben Treppen und Flure, sitzen auf dem gleichen Stuhl. Diese – mitunter vielleicht sogar ungeliebte – Gleichförmigkeit können wir für unsere buddhistische Praxis nutzen.

Wählen Sie eine Strecke an Ihrem Arbeitsplatz, die Sie täglich mindestens einmal gehen. Das kann der Weg vom Parkplatz zur Eingangspforte sein oder die paar Schritte vom Lift zur Bürotür. Wählen Sie zu Beginn eher einen kurzen Weg, um konzentriert bleiben zu können. Anfangs braucht es etwas Geduld, mit der Zeit wird Ihr Geist aber in der Lage sein, sich automatisch auf diese einfache Form der sogenannten Gehmeditation zu fokussieren. Sobald Sie dann »Ihren Pfad« betreten, wird er auf Autopilot schalten und sich auf die Übung konzentrieren.

Setzen Sie zu Beginn Ihres Weges den ersten Schritt ganz bewusst. Es ist hilfreich, wenn Sie zuvor einen kurzen Moment innehalten – das kann ganz unauffällig geschehen, sodass Ihre Kollegen nichts davon mitbekommen müssen. Richten Sie zeitgleich mit diesem ersten Schritt die Konzentration auf Ihre Fußsohlen. Fühlen Sie, wie Ihr Fuß auf dem Boden aufsetzt. Bleiben Sie während der gesamten Strecke mit der Aufmerksamkeit bei Ihren Füßen oder den Fußsohlen. Gehen Sie so langsam wie möglich, freilich ohne andere zu behindern. Genießen Sie jeden Schritt!

Am Ende Ihres Weges können Sie den Fokus wieder auf das Alltagsgeschehen lenken – oder Sie bleiben noch eine Weile im Achtsamkeitsmodus, bis Ihr Geist sich naturgemäß anderen Dingen zuwendet. Ab Seite 91 finden Sie weitere Anleitungen zur Gehmeditation, sodass Sie Ihre Praxis nach und nach vertiefen können.

Tipp

Der Achtsamkeitsweg kann auch die tägliche Fahrt mit dem Auto zur Arbeit sein. Vielleicht stehen Sie regelmäßig im Stau. Nutzen Sie die Gelegenheit zur Meditation, indem Sie immer wieder die Aufmerksamkeit auf die gegenwärtigen Situation lenken: Spüren Sie, wie Ihre Hände das Lenkrad halten, und konzentrieren Sie sich auf die Sitzposition des Körpers.

Der Klang der Glocke – kurze Momente zum Durchatmen

In vielen buddhistischen Klöstern geben Glocken die Zeiten vor. Sie werden geläutet, um die Mönche und Nonnen zur Meditation zu rufen und um den klösterlichen Alltag zu strukturieren. In der Tradition des vietnamesischen Zen-Meisters Thich Nhat Hanh hat ihr Klang noch eine ganz besondere Funktion: Er gemahnt die Menschen zur Achtsamkeit. Sogar das Ringen des Telefons im Büro oder das Schlagen der Standuhr im Speisesaal des Klosters werden von den Schülern vor Ort genutzt, um im alltäglichen Geschehen kurz innezuhalten und sich in Achtsamkeit zu üben.

Übung

Diese Welt ist erfüllt von Klängen und Tönen. Eine Kakophonie der Geräusche, der wir uns kaum entziehen können. Vor allem Telefone und Handys klingen, summen, singen oder wiehern vor sich hin. Herrliche Voraussetzungen für die Achtsamkeitspraxis!

Doch auch für diese Übung gilt: Überfordern Sie sich anfangs nicht! Wenn Sie in einem Büro arbeiten, wo sich das Telefon ständig meldet, ist es nicht sinnvoll, sich gleich jeden einzelnen Anruf zur Übung zu machen. Praktizieren Sie das Ganze vielleicht zu Beginn nur bei jedem dritten oder fünften Anruf und gehen Sie spielerisch damit um. Bei dieser Meditation ist vor allem Geduld gefragt, denn wir sind es in der Regel gewohnt, sofort zu reagieren.

Also: Benutzen Sie fortan Ihr Telefon im Büro als moderne Achtsamkeitsglocke. Sobald es zu schellen beginnt, richten Sie den Fokus Ihrer Aufmerksamkeit nach innen auf Ihren Atem. Atmen Sie trotz der inneren Anspannung, gleich rangehen zu wollen, bewusst ein und aus. Bemerken Sie die Anspannung freundlich und warten Sie, bevor Sie abheben, drei Klingeltöne ab. Bleiben Sie während dieser drei Töne die ganze Zeit beim Atem, indem Sie das Heben und Senken der Bauchdecke beobachten. Nehmen Sie dann ruhig und konzentriert das Gespräch an.

Sie werden mit der Zeit merken, dass Sie sich durch diese kleine Achtsamkeitsmeditation sehr viel leichter, aber auch wohlwollender auf den jeweiligen Gesprächspartner einstellen können. Sie fühlen sich durch das bewusste Beobachten des Atems erfrischt und können besser zuhören. Mit fortgeschrittener Praxis können Sie sich auch folgendes Mantra neben Ihr Telefon legen und vor dem Entgegennehmen des Gesprächs einen Blick darauf werfen:

»Worte können auf unsichtbarem Weg viele Tausend Kilometer zurücklegen. Mögen meine Worte gegenseitiges Verstehen und Liebe bewirken. Mögen Sie rein sein wie kostbare Edelsteine und so wunderschön wie Blumen am Wegesrand!«

Vor allem im Berufsleben, wo wir oft viel Zeit im Gespräch mit anderen, uns manchmal fremden Menschen verbringen, ist es wichtig, Mitgefühl, gegenseitiges Verstehen und Empathie untereinander zu entwickeln.

Tipp

Auch der Buddhismus geht mit der Zeit! Mittlerweile können Sie sich »Achtsamkeits-Glockentöne« für Ihren PC oder das Handy herunterladen, die Ihnen spontan und in unregelmäßigen Abständen zu erholsamen Atempausen verhelfen wollen. Geben Sie einfach »Achtsamkeitsglocke« in Ihre Suchmaschine ein.

Mit Ärger freundlich umgehen

Gerade am Arbeitsplatz ist Ärger oft vorprogrammiert. Wir werden wütend auf Kunden oder Kollegen, oder wir fühlen uns ungerecht behandelt und von Vorgesetzten unter Druck gesetzt. Die Bandbreite an Ärgernissen kann groß sein, da hilft manchmal auch das berühmte »Wegatmen« nicht mehr. Zorn und Wut können sich oft auch über einen längeren Zeitraum aufstauen und machen sich dann irgendwann – meist zum ungünstigsten Zeitpunkt – Luft. Die Leidtragenden sind dann nicht nur diejenigen, denen der Ausbruch gilt, sondern auch wir, die Wütenden selbst.

Gefühle, auch die vermeintlich negativen, gehören zum Dasein als Mensch dazu. Wir definieren uns vor allem über unsere Emotionen, Erfahrungen und Empfindungen, da bilden weder der historische Buddha noch zeitgenössische Meister, Lehrer, Mönche oder Nonnen eine Ausnahme. Sie alle hatten und haben mit der ganzen Palette an angenehmen und unangenehmen Gefühlen umzugehen und selbstverständlich auch mit Zorn und Wut zu kämpfen.

In der buddhistischen Praxis fällt im Zusammenhang mit »unheilsamen« Gefühlen oft der Begriff »Umarmung«. Wir sollen die Wut oder den Schmerz in uns liebevoll umarmen, damit diese Zustände heilen können. Doch im Rahmen eines stressigen Arbeitstages lässt sich dies oftmals schlecht bewerkstelligen, es braucht Zeit und Ruhe.

Traditionelle Zen-Meister erzählen gern die Geschichte vom leeren Boot, um ihren Schülern einen gesunden

39

Umgang mit Ärger und Zorn, der von anderen ausgelöst wurde, aufzuzeigen: Ein junger Mann fährt an einem nebeligen Tag mit seinem frisch lackierten Boot auf den See hinaus. Plötzlich sieht er ein anderes Boot, das direkt auf ihn zuhält, aus den Nebelschwaden auftauchen. Ärgerlich versucht der junge Mann, auf sich aufmerksam zu machen, doch da rammt das fremde Boot schon das seine und die neue Farbe bekommt hässliche Kratzer. Erst jetzt sieht der aufgebrachte Mann, dass das andere Boot leer ist und seine Wut verfliegt sofort. Was soll's?, denkt er, dann streiche ich eben noch mal. Das führerlose Boot kann ja nichts dafür, dass es in mich hineingekracht ist.

Für einen Zen-Meister sind viele Situationen, denen wir mit Zorn begegnen, im übertragenen Sinne »leere Boote«, die uns aus Versehen rammen. Denn sehr oft bilden wir lediglich die Projektionsfläche für den Ärger des anderen. Wir sind nicht wirklich gemeint.

Gerade in unserer alltäglichen Arbeitswelt beziehen wir bestimmte Verhaltensweisen direkt auf uns, auf unsere Person, meist weil uns ein durch zu viel Stress bedingter Tunnelblick den Blick auf die Realität verstellt. So beginnen wir zum Beispiel zu glauben, dass die Kollegin absichtlich trödelt oder dass ein Kunde uns persönlich angreift, wenn er sich lauthals über etwas beschwert. Dabei läuft lediglich innerlich, in unserem Kopf und in unserer Gefühlswelt, ein Film ab, der mit der Wahrheit in der Regel nicht allzu viel zu tun hat.

Übung

Schließen Sie beim nächsten Mal, wenn Sie am Arbeitsplatz aufgrund eines Vorfalls oder einer unbedachten Aussage der Ärger zu übermannen droht, kurz die Augen und atmen Sie ein, zwei Atemzüge lang bewusst ein und aus.

Lassen Sie dann vor Ihrem inneren Auge die Szene mit dem leeren Boot lebendig werden und stellen Sie sich vor, dass Sie soeben von diesem Boot gerammt wurden. Betrachten Sie kurz die Gefühle und die dazugehörigen Gedanken, die nun an die Oberfläche streben, und blicken Sie dann in das Boot hinein, um mit einem humorvollen Augenzwinkern festzustellen, dass niemand drin sitzt. Es kann zwar sein, dass Sie nun bei Ihrem eigenen Boot die Farbe ein bisschen ausbessern oder vielleicht sogar neu streichen müssen – sprich, Sie brauchen ein bisschen Zeit, um sich wieder zu beruhigen –, aber im Grunde können Sie auf ein leeres Boot doch nicht wirklich böse sein, oder?

Tipp

In manchen Fällen werden Sie vielleicht tatsächlich persönlich angegriffen. Dann ist es, wenn es die Situation erlaubt, ratsam, sich für einen Moment innerlich auszuklinken und den Fokus etwas länger auf den Atem zu lenken. Das beruhigt den Geist, und Sie können anschließend weitaus achtsamer reagieren (siehe auch ab Seite 46).

Der innere Kritiker – abwertenden Gedanken bewusst begegnen

In der vorangegangenen Übung haben wir gelernt, dass Ärger und Wut viel mit der persönlichen Sichtweise zu tun haben. Wir beziehen die Handlungsweisen anderer auf uns und reagieren dementsprechend negativ. Wir sehen die Welt oft nur durch die eigenen Augen und beurteilen sie dann auf sehr persönliche Weise. Es ist, als würden wir die Realität durch eine Art »Persönlichkeitsbrille« betrachten, deren Gläser von unseren individuellen Erfahrungen, Empfindungen und Sichtweisen gefärbt sind. Dadurch wird die Sicht auf die Wahrheit getrübt.

Wir werden wütend oder traurig, wenn die Dinge sich nicht so entwickeln, wie wir es uns wünschen oder wie wir es erwarten. Wir alle interpretieren aufgrund unserer individuellen Persönlichkeitsbrille das, was uns geschieht, auf unsere Art, und so fühlen wir uns zwangsläufig verletzt, wenn wir kritisiert werden. Vielen Menschen fällt es vor allem im Berufsleben mitunter schwer, andere Meinungen und Sichtweisen zu akzeptieren.

Unser Geist bewertet und beurteilt also permanent nach seinem eigenen Gutdünken und dies geschieht oft sogar, ohne dass wir es bewusst wahrnehmen. Um diesem inneren Kritiker, der uns in vielerlei Hinsicht daran hindert, ein offenes und freies Leben zu führen, auf die Schliche zu kommen, braucht es Geduld, Mut und vor allem Ehrlichkeit sich selbst gegenüber.

Der innere Kritiker ist sehr trickreich und stellt sich mitunter als Besserwisser oder sogar als Weiser dar. Er verschleiert seinen wahren Charakter, deshalb ist es schwierig, ihn zu entlarven. Doch haben Sie sich einmal an seine Fersen geheftet, werden Sie feststellen, wie sehr er versucht, Ihnen das Leben madig zu machen. Dann ist es ein Leichtes, ihn nach und nach verstummen zu lassen oder seinen Worten keinen Glauben mehr zu schenken.

Der innere Kritiker setzt sich aus vielen Stimmen zusammen, denn Erziehung und gesellschaftliche Strukturen beeinflussen und prägen unser Denken und Fühlen von frühster Kindheit an. Wem schon als Kind eingebläut wurde, dass er zu dick sei, dem wird auch später als Erwachsener eine gnadenlose innere Stimme auf die Finger klopfen, sobald es um die Ernährung und um das Selbstwertgefühl geht. Doch es kommt noch schlimmer: Der innere Kritiker macht auch vor anderen nicht halt. Einmal entfesselt kritisiert er ungebremst alles, was ihm vor die Augen kommt – und wir glauben ihm. Dabei übersehen wir sehr gern, dass das Kritisieren anderer unsere eigenen Unzulänglichkeiten überspielen soll. Wir fühlen uns (kurzzeitig) besser, wir werten uns bewusst oder unbewusst auf.

Übung

Für diese Übung braucht es, wie schon erwähnt, eine große Portion Ehrlichkeit, denn es geht darum, sich mit den eigenen Schattenseiten auseinanderzusetzen. Suchen Sie sich einen beliebigen Tag in der Woche aus und nehmen Sie sich vor, schon beim Aufstehen sehr genau auf Ihre Gedanken zu achten. Mit welchen Gedanken starten Sie in den Tag? Kommt vielleicht schon kurz nach dem Aufwachen die erste Kritik auf? Vielleicht regnet es draußen in Strömen und Ihr innerer Kritiker bewertet dies mit einem negativen Kommentar. Versuchen Sie, den ganzen Tag über das Augenmerk auf alle Bewertungen und Urteile, die Ihr Geist so von sich gibt, zu legen.

Als ich selbst zum ersten Mal von meiner Meditationslehrerin mit dieser Übung vertraut gemacht wurde, war mir das volle Ausmaß meines kritisierenden Geistes überhaupt noch nicht klar. Sie riet mir, einen Tag lang eine Strichliste zu führen: für jedes Negativurteil ein Strich. Sie gab mir zu verstehen, dass weniger als 150 davon für sie nicht glaubwürdig seien. Ich kam auf knappe 300 an jenem Tag! Meine Lehrerin ist sehr genau, also musste ich wirklich jedes negative Urteil, und war es noch so klein und nichtig, vermerken. Gefiel mir eine Blume am Wegesrand nicht: Strich. Das allzu laute Lachen eines fremden Menschen im gleichen Zugabteil: Strich. Meine Tränensäcke im Spiegel: Strich. Die langsame Kollegin in der Arbeit: Strich. Und so ging es in einem fort, bis ich abends fix und fertig und mit einer letzten Kritik beziehungsweise einem letzten Strich – im Schlafzimmer war es zu stickig – ins Bett fiel.

Eine Strichliste ist hilfreich, muss aber nicht sein. Sie können auch in Gedanken für sich mitzählen. Verweilen

Sie nicht unnötig lange bei den jeweiligen Gedanken, sonst beginnt Ihr Geist eine Geschichte daraus zu weben. Bemerken Sie lediglich jede negative Kritik und haken Sie sie innerlich ab. Achten Sie besonders in der Arbeit auf diese innere Stimme und beobachten Sie, wie schnell Ihr Geist ein abwertendes Urteil fällt.

Mit fortgeschrittener Übung ist es ratsam, jene Gefühle, die mit Verurteilung und Bewertung einhergehen, genauer unter die Lupe zu nehmen. Denn nicht selten sind die ungefragten Statements unseres inneren Kritikers der Auslöser für Stress, Ärger, Erschöpfung und sogar Depression und Burnout.

Tipp

Wenn Sie sich nach einer Weile, sprich nach einer gewissen Zeit der Übung, mit Ihrem inneren Kritiker vertraut gemacht haben und sich über die Gefühle, die solch eine negative innere Stimme auslösen kann, klarer geworden sind, dann können Sie damit beginnen, den Inhalt und den Wahrheitsgehalt der Kritikpunkte genauer zu betrachten. Sie werden Erstaunliches feststellen und vielleicht mutig damit beginnen, sich selbst beziehungsweise Ihren ungezügelten Geist häufiger zu hinterfragen. Nach und nach wird der innere Kritiker immer leiser werden, bis er schließlich fast gänzlich verstummt.

Achtsames Sprechen

Der Begriff Achtsamkeit ist heute in aller Munde. Die moderne Neurowissenschaft hat herausgefunden, dass das regelmäßige Üben von Achtsamkeitsmeditationen nachweislich Stress im Gehirn reduziert. Das führt zu deutlich mehr innerer Gelassenheit und Entspannung. Für den Buddha bildete die Achtsamkeit das Fundament seiner Weisheit. Sie ist die Basis seiner Lehren und zieht sich, über die Jahrtausende hinweg, bis heute durch alle Meditations- und Praxisanleitungen.

Ohne einen gewissen Grad an Achtsamkeit verharrt unser Geist in einem Zustand von Unkonzentriertheit und Verwirrung, das heißt, er verwickelt sich in Erinnerungen, kreist um die Zukunft und springt von einem Gedanken zum nächsten. Wie ein kleines Äffchen hüpft er umher, ohne jemals für länger als ein paar Sekunden oder Minuten im gegenwärtigen Moment verweilen zu können.

Kultivieren wir Achtsamkeit nicht nur auf dem Meditationskissen, sondern auch im Alltag, dann sind wir nicht mehr die Sklaven unseres unreflektierten Geistes. Mehr und mehr werden wir in der Lage sein, mitfühlend und empathisch uns selbst und anderen gegenüber zu reagieren. Wir handeln aus einem offenen und zugewandten Geist heraus und treffen freie Entscheidungen zum Wohle aller. Die »achtsame Rede«, also das achtsame Sprechen, ist eine lebenslange Praxisübung, denn sie beinhaltet auch die Gedanken, die wir anderen gegenüber hegen.

Für den Buddha gehörte die achtsame Rede zu den wichtigsten Übungen. Der Arbeitsplatz ist ein guter, wenn auch herausfordernder Ort zum Üben.

Achtsames Sprechen beginnt mit achtsamem Zuhören. Wir haben oftmals verlernt, uns »wahrhaftig« zu unterhalten, was in erster Linie heißt, mitfühlend zuzuhören und freundlich und offen zu sprechen. Jeder Mangel an »echter« Kommunikation trennt uns von den anderen. Um wieder tief zuhören zu können, müssen wir in uns selbst einen inneren Raum dafür schaffen. Tiefes Zuhören bedeutet, dass wir nicht urteilen und bewerten, sondern das Gesagte, soweit es uns möglich ist, ohne Vorurteil anhören. Wir bilden uns zwar eine eigene Meinung und kommunizieren diese auch, aber wir versuchen im Rahmen des achtsamen

Sprechens zu antworten. Das heißt, dass wir unsere Worte mit Bedacht wählen, um Streit und Ärger weitestgehend zu vermeiden. Dadurch wertschätzen wir das Gesagte unseres Gegenübers, ohne uns selbst zu verleugnen.

Übung

Versuchen Sie in den kommenden Tagen den Fokus während der Arbeit immer wieder bewusst auf die zwischenmenschliche Kommunikation zu lenken. Bemerken Sie dabei Ihre Urteile, Widerworte und Meinungen, sprechen Sie sie aber, wenn möglich, nicht sofort aus.

Konzentrieren Sie sich für einen Moment auf den Atem, bevor Sie sich in ein Gespräch begeben. Versuchen Sie dann, sich im wahrsten Sinne des Wortes dem anderen zuzuwenden und hören Sie genau zu. Versuchen Sie, Ihr Gegenüber nicht zu unterbrechen. Kehren Sie immer wieder zum Atem zurück; das schafft Raum für Sie beide. Sprechen Sie nach dem Hören aus einer Motivation heraus, die im besten Fall von Mitgefühl und dem Bestreben nach Klärung oder Konfliktlösung geprägt ist. Versuchen Sie, nicht laut zu werden, und benutzen Sie keine abwertenden Worte.

In vielen buddhistischen Klöstern legen die Mönche und Nonnen ein Gelübde ab, das der achtsamen Rede gehört. Sie verpflichten sich, keine Anstrengungen zu scheuen, um immer eine achtsame und liebevolle Kommunikation aufrechtzuerhalten, sich stets zu versöhnen und sich zu bemühen, jeden Konflikt, so klein er auch sei, zu lösen.

Das Beben des Herzens – Mitgefühl entwickeln

Die vorangegangene Übung in Bezug auf das achtsame Sprechen und Zuhören zeigt, wie wichtig es ist, andere nicht durch Worte – aber auch nicht durch Taten! – zu verletzen, auch weil wir damit im Grunde nicht nur unserem Gegenüber, sondern auch uns selbst wehtun.

Ein angenehmes Arbeitsklima ist geprägt von Teamwork, gegenseitiger Rücksichtnahme, Inspiration und Unterstützung, doch manchmal sind wir meilenweit von diesen Idealen entfernt. Stress und Überforderung, Missverständnisse, unterschiedliche Arbeitsauffassungen, starre Hierarchien, aber auch Mobbing, Unterforderung und schlechte Bezahlung, um nur einige Punkte zu nennen, machen es oft schier unmöglich, sich offen und entspannt der zu erledigenden Arbeit zu widmen. Meiner Erfahrung nach ist ein gutes Arbeitsklima unter Kollegen von unbezahlbarem Wert. Wenn alle an einem Strang ziehen, segelt man viel leichter durch einen stürmischen Arbeitstag. Freundliches Miteinander und ein offenes Ohr für die Belange der anderen sind das A und O für ein gutes Team.

Die folgende Übung, das Entwickeln von Mitgefühl am Arbeitsplatz, mag vielleicht auf den ersten Blick ungewöhnlich erscheinen, aber die meisten von uns verbringen eben den größten Teil des Tages – sprich, einen Großteil des aktiven Erwachsenenlebens bis zur Rente – in ihrem jeweiligen Beruf oder Job.

Wir verbringen also oft mehr Zeit mit unseren Kollegen als mit unseren Freunden und Familien. Wenn wir lernen, Mitgefühl und Nächstenliebe auch dort zu kultivieren, wo es zunächst gar nicht zwingend angebracht scheint, dann fühlen wir uns den Menschen, mit denen wir arbeiten, einfach näher. Zusammenhalt und Empathie beginnen zu wachsen und nach und nach auch auf andere Bereiche unseres Lebens auszustrahlen. Das erwachte Herz, von dem Buddha in vielen seiner Lehrreden sprach, fühlt sich mit allem und jedem liebevoll verbunden. Es macht keinen Unterschied zwischen Freund oder Feind – und auch keinen zwischen Menschen, die uns nahestehen, und jenen, die nicht zum engsten Kreis unserer Liebsten zählen.

Übung

Wählen Sie zu Beginn der Übung einen Zeitrahmen von einer Woche oder ein paar Tagen. Damit Mitgefühl in uns wachsen kann, brauchen wir feine Antennen für die Stimmungen und Belange unserer Mitmenschen und ein offenes, vorurteilsloses Herz. Versuchen Sie, in dem von Ihnen ausgewählten Zeitraum ein neues Gespür für Ihre Kollegen und Vorgesetzten zu entwickeln. Registrieren Sie Stimmungsschwankungen im Büro und beginnen Sie, die Menschen um Sie herum bewusster wahrzunehmen. Oftmals arbeiten wir mit einem Tunnelblick vor uns hin und bekommen nur am Rande oder sehr oberflächlich mit, was andere tief in ihrem Inneren beschäftigt.

Wir sprechen vielleicht in der Mittagspause mit Kollegen über das schlechte Aussehen von Herrn X oder das unfreundliche Benehmen von Frau Y, aber wir fragen bei den Betroffenen eher selten nach, was dahintersteckt.

Für diese Meditation ist es wichtig, dass Sie aufhören, mit Dritten schlecht über andere zu sprechen. Bleiben Sie mit Ihrer Wahrnehmung ganz bei sich und beobachten Sie, was um Sie herum geschieht. Versuchen Sie, sich tagsüber immer wieder in die Menschen Ihres direkten Umfelds hineinzuversetzen und gefühlsmäßig mit ihnen mitzuschwingen. Wie auch Sie selbst leben die anderen ein privates Leben, das mitunter von Sorgen, Ängsten und Nöten geprägt sein kann, und sie tragen diese Dinge – freiwillig oder unfreiwillig – mit an den Arbeitsplatz. Machen Sie sich bewusst, dass wir alle im gleichen Boot sitzen, keiner bleibt von den Unzulänglichkeiten des Lebens verschont.

Beginnen Sie dann im Stillen, sogenannte Wunschgebete an Ihre Mitarbeiter und Kollegen zu »schicken«. Es sind Sätze, die das eigene Mitgefühl stärken und kultivieren, zum Beispiel: »Mögest du frei sein von Angst und Schmerz«, »Möge deine Wut bald vorübergehen« oder »Mögest du inneren Frieden finden«. Egal, ob Sie nun Kummer und Sorgen bei den anderen erspüren können oder nicht, richten Sie diese Sätze in regelmäßigen Abständen an ihre Herzen.

Mit der Zeit werden Sie feststellen, dass Sie sich mit der Welt immer mehr verbunden fühlen. Diese mitfühlende Verbundenheit stärkt das Gefühl der Zugehörigkeit – zunächst in Ihnen selbst, später auch bei jenen Menschen und Lebewesen, denen Ihr stilles Mitgefühl gilt. Innerlich gesprochene Wunschgebete für andere fühlende Wesen hinterlassen Spuren, denn obwohl niemand im Büro oder am Arbeitsplatz aktiv mitbekommen wird, was Sie da praktizieren, verändert sich Ihre innere Haltung zu den Menschen. Sie werden offener und liebevoller – und das können Außenstehende sehen und spüren. Ihre Kollegen werden Ihnen nach und nach mehr vertrauen und sich bei Ihnen aufgehoben fühlen. Wenn wir uns klarmachen, dass wir alle eine Geschichte – mal mehr und mal weniger schmerzhaft – mit uns herumtragen, beginnen wir, achtsamer miteinander umzugehen.

Das Gute im anderen erkennen

Der Buddha ging stets vom Guten im Menschen aus. Selbst wenn Wut, Ärger oder sogar Hass unseren Geist blenden, so verbergen sich darunter immer unbegrenzte Liebe und unendliches Mitgefühl – bei jedem von uns! Wenn wir lernen, das Gute im anderen und auch in uns selbst zu sehen, dann werden wir leichter und glücklicher durchs Leben gehen. Unsere Energie wird nicht mehr an die Ablehnung, die mit negativen Gefühlen einhergeht, gebunden, sondern kann frei fließen. Die vorangegangene Mitgefühlsübung war ein guter Wegbereiter für die folgende.

Übung

Legen Sie sich eine heimliche Liste an und notieren Sie sich alles Gute und Positive, was Ihnen an Ihren Kollegen auffällt. Werfen Sie regelmäßig einen Blick auf Ihre Notizen, um sich die guten Seiten Ihrer Mitmenschen zu vergegenwärtigen. Beginnen Sie dann, hin und wieder Komplimente zu verteilen, und freuen Sie sich an den Reaktionen. Freundlichkeit und Wohlwollen sind zuverlässige Garanten gegen Stress und für ein gutes Betriebsklima.

> **Tipp**
> Diese Liste funktioniert natürlich auch mit Freunden oder Familienmitgliedern.

Buddha
at Home

Meditative Übungen rund um Garten, Heim, Haushalt und Partnerschaft

»Das Leben ist kein Problem, das es zu lösen,
sondern eine Wirklichkeit, die es zu erfahren gilt.«

Buddha

Der Boden, der mich trägt – Staubsaugermeditation

Eines Tages fragte mich meine Freundin Dagmar, was ich auf meinen Kursen überhaupt so treibe. Ich unterrichte in regelmäßigen Abständen Achtsamkeits-Kochkurse, in deren Rahmen auch Alltagsmeditationen rund um Küche und Herd gezeigt werden. Voller Begeisterung begann ich meiner Freundin von diesen verschiedenen Meditationen zu erzählen. Vor allem das Baden des Buddha-Babys (ab Seite 64) kommt bei meinen Gästen immer sehr gut an – das achtsame Abwaschen.

Dagmar reagierte skeptisch. Bei der Mutter zweier Jungs, Besitzerin einer verspielten Hündin und Ehefrau eines gestressten Lehrers geht es zu Hause oft drunter und drüber. Sie kann der täglichen Hausarbeit, egal ob Spülen, Kochen, Wischen oder Wäschewaschen, überhaupt nichts abgewinnen. Für Dagmar bleiben diese Tätigkeiten ein ständiger Quell des Ärgers, des Stresses und des Frusts. Zudem honoriert niemand in der Familie gebührend ihre Arbeit und ist das ganze Haus gerade mal blitzblank sauber geputzt, dann dauert es keine halbe Stunde, bis sich die ersten Spuren der Familienmitglieder wieder abzeichnen. Ihrer eigenen Wahrnehmung nach befindet sie sich in einem ewigen, nicht zu durchbrechenden, sehr zeitaufwendigen und zudem noch ziemlich eintönigen Kreislauf von Putzen und Aufräumen. Aber am allermeisten hasst sie das Staubsaugen!

Nachdem sie mir also ihr geplagtes Hausfrauenherz ausgeschüttet hatte, überlegten wir gemeinsam, wie wir ihr diese ungeliebte Arbeit mithilfe der Achtsamkeit schmackhaft machen könnten. Was dabei herausgekommen ist, hilft vielleicht auch Ihnen.

Übung

Schon in den ersten Lehrreden nach seiner Verwirklichung, der Erleuchtung unter dem berühmten Bodhibaum, machte der Buddha klar, dass dieses Erwachen nichts Abstraktes oder Weltabgewandtes ist, sondern ein Leben voller Mitgefühl, Liebe, Klarsicht und Weisheit mit sich bringt – das Gefühl des Getrenntseins verschwindet und an seine Stelle tritt die liebevolle Verbundenheit mit allem. Stellt sich nur die Frage: Kann man diese Verbundenheit auch mit einem Staubsauger erleben?

Beginnen wir zunächst mit dem Fußboden: Holen Sie am ersten Tag der Übung den Staubsauger hervor. Stellen Sie sich so aufrecht wie möglich neben das Gerät, die Beine leicht hüftbreit auseinander. Vielleicht kommen Sie sich jetzt seltsam oder lächerlich vor – das macht nichts, kichern Sie ruhig ein bisschen in sich hinein.

Schließen Sie dann die Augen und gehen Sie mit der Aufmerksamkeit zu Ihrem Atem. Beobachten Sie etwa drei Atemzüge lang das Heben und Senken der Bauchdecke. Richten Sie anschließend den Fokus auf Ihre Fußsohlen. Spüren Sie, wie die Füße fest auf dem Boden stehen. Füh-

len Sie die Glätte des Fußbodens oder die rauen Fasern des Teppichbodens und bleiben Sie einen Moment bei diesen Empfindungen.

Stellen Sie sich nun vor, was geschehen würde, wenn dieser feste, sichere Untergrund nicht da wäre: Sie würden den Halt verlieren und ins Bodenlose fallen. Nicht nur die Erde, unser schöner Planet, trägt uns, auch die zahllosen Straßen, Wege und Böden dieser Welt geben uns Sicherheit und unterstützen uns in unserem körperlichen Fortkommen.

Können Sie sich jetzt vorstellen, ein Gefühl der Dankbarkeit für diesen Fußboden, der Sie jahrein, jahraus geduldig und ohne Murren trägt und »erträgt«, zu entwickeln?

Der amerikanische Zen-Meister Edward Espe Brown betont unermüdlich, wie wichtig es ist, ein freundliches und liebevolles Gefühl nicht nur für unsere Mitmenschen und andere Lebewesen zu entwickeln, sondern eben auch für die alltäglichen Gegenstände, die uns umgeben und die wir oft unbewusst und daher eher nebenbei benutzen. Wir schenken ihnen eher selten die ihnen gebührende Aufmerksamkeit. Aber bedenken Sie, wie mühsam unser Leben ohne all diese Alltagsgegenstände wäre! Stellen Sie sich beispielsweise nur für einen kurzen Moment ein Leben ohne Messer und Gabel vor, ohne Besen und Kehrschaufel, ohne Tische und Stühle, ganz zu schweigen von den modernen Gerätschaften wie Waschmaschinen, Computer, Duschen, Lampen oder eben Staubsauger!

Doch zurück zu Ihrem Fußboden. Nehmen Sie nun den Staubsauger zur Hand und schalten Sie ihn ein. Bleiben Sie aber mit der Aufmerksamkeit noch bei Ihren Fußsohlen, wenn Sie sich jetzt in Bewegung setzen. Achten Sie, während Sie Ihre Arbeit tun, auf jeden Schritt und fühlen Sie den Boden unter Ihren Füßen. Vergegenwärtigen Sie sich dabei, dass Sie gerade »jenes Ding« säubern, das Sie jeden Tag trägt. Wie mühsam wäre Ihr Leben – und das Ihrer Lieben – ohne dieses hübsche, glatte Parkett oder ohne den kuscheligen Teppich? Wie verlässlich dieser Boden doch ist! Geduldig und hingebungsvoll liegt er unter Ihnen.

Vielleicht denken Sie jetzt auch an die vielen schönen oder auch traurigen Geschichten, die sich auf diesem

Boden schon abgespielt haben – er hat sie alle still mitgetragen. Hat er es nicht verdient, dass Sie ihn sanft und sorgfältig mit Ihrem Staubsauger behandeln?

Natürlich fühlt es sich zunächst ungewöhnlich an, sich den vermeintlich leblosen Dingen des Alltags auf solch persönliche Weise zuzuwenden. Doch auf diese Art lernen wir wieder, das Leben und die Dinge an sich in ihrer Tiefe wertzuschätzen und unser Herz für schlichtweg alles, was ist, egal ob lebendig oder vermeintlich leblos, zu öffnen.

Für den Zen-Meister Thich Nhat Hanh ist die Erde an sich, ist dieser wunderbare Planet die »große Mutter« aller fühlenden und nicht fühlenden Lebewesen. Sie schenkt uns das Leben, nährt und trägt uns. Mit jedem achtsamen Schritt, den wir auf ihr tun, drücken wir unsere Wertschätzung und Liebe für sie aus.

Tipp

Sie können in der gleichen wertschätzenden Weise auch direkt mit Ihrem Staubsauger und allen anderen Haushaltsgegenständen praktizieren!

Der tägliche Handgriff – das Achtsamkeitsgeschenk

Vor vielen Jahren besuchte ich das Kloster des bereits erwähnten vietnamesischen Zen-Meisters Thich Nhat Hanh im Süden Frankreichs, um dort den Herbst über zu meditieren. In jene Zeit fiel auch der Geburtstag des Meisters und in der großen Meditationshalle von Plum Village fand eine Feier zu seinen Ehren statt. Thich Nhat Hanhs Geburtstagswunsch an seine Schüler und Schülerinnen blieb mir nachhaltig im Gedächtnis und noch heute praktiziere ich täglich mein Geburtstagsgeschenk für ihn. In einer bescheidenen und doch sehr weisen Rede bat er uns damals, von materiellen Geschenken Abstand zu nehmen, um ihm stattdessen einen »täglichen Moment der Achtsamkeit« zu überreichen. Dies könne das achtsame Steigen einer Treppenstufe sein, die es jeden Tag zu erklimmen gilt, oder das achtsame Hinsetzen auf den Bürostuhl. Handgriffe, die sich täglich wiederholen, das Öffnen der Wasserhähne im Bad, das Umrühren im Kochtopf, das abendliche Aufdecken der Bettdecke und so weiter – sie alle eigneten sich hervorragend für diese Übung. Er forderte uns auf, uns etwas leicht Umsetzbares auszudenken und es ihm dann zu seinem Ehrentag »zu schenken«. Wichtig sei es, sich keine großen Ziele zu setzen, sondern etwas zu finden, das ohne großen Aufwand täglich zu praktizieren ist.

Ich entschied mich für die Türklinke an der Innenseite meiner Schlafzimmertür. Seitdem berühre ich sie jeden

Morgen nach dem Aufstehen so bewusst und achtsam wie möglich. Ich spüre ihre Kühle und Glätte in meiner Handinnenfläche und den Kraftaufwand, den es braucht, um sie nach unten zu drücken – und dann gehe ich meiner Wege. Mittlerweile hat sich eine Art Automatismus eingestellt: In dem Moment, in dem ich die Klinke berühre, geht meine Aufmerksamkeit automatisch zu den Empfindungen in meiner Hand. Ich muss mich nicht mehr darauf konzentrieren. Und ich habe festgestellt, dass sich diese kleine Übung ohne mein aktives Zutun sogar auf andere Gegenstände und Erfahrungen ausgeweitet hat. Mein Geist richtet sich, wohl dank jahrelanger Praxis an dieser unscheinbaren Türklinke, immer öfter auch in anderen Situationen auf die Erfahrungen im gegenwärtigen Augenblick aus.

Übung

Schenken Sie nun Thich Nhat Hanh – oder sich selbst – Ihren ganz persönlichen täglichen Moment der Achtsamkeit. Suchen Sie sich eine Tätigkeit in Ihrem alltäglichen Ablauf aus, die sich tatsächlich jeden Tag wiederholt. Wählen Sie etwas Einfaches, sodass sich die Übung ohne großen Aufwand in den Alltag einbauen lässt.

Vielleicht benutzen Sie täglich den Lift von und zu Ihrer Wohnung, dann könnten Sie das Drücken des Knopfes als Geschenk wählen. Oder stehen jeden Tag auf einer Rolltreppe? Dann spüren Sie die Stufen unter Ihren Füßen. Auch in der Küche geschehen täglich die fast gleichen Handlungs-

abläufe: das Zubereiten von Tee am Morgen. Spüren Sie die Wärme der Tasse in Ihren Händen? Das Drehen von Hähnen und Knöpfen. Wie fühlt sich die Bewegung an?

Haben Sie sich für einen Handgriff entschieden, dann richten Sie nun jedes Mal für einen kurzen Moment Ihre Aufmerksamkeit voll und ganz auf Ihre körperlichen Empfindungen und Erfahrungen, die damit einhergehen, ohne diese beurteilen oder beeinflussen zu wollen. Registrieren Sie alles, was beim Berühren eines bestimmten Gegenstandes passiert, und gehen Sie dann wieder Ihrem normalen Alltag nach. Mit der Zeit werden Sie feststellen, dass sich diese kleinen Momente automatisch auf andere Tätigkeiten ausdehnen und Sie sich dadurch kleine Inseln der Achtsamkeit im täglichen Getriebe schaffen.

Das Buddha-Baby baden – meditatives Geschirrspülen

Der Buddha hat seinen Schülern sehr genaue Meditationsanleitungen mit auf den Weg gegeben. Diese Anleitungen betrafen damals aber nicht nur das formelle Sitzen auf dem Meditationskissen, sondern umfassten sämtliche alltäglichen Verrichtungen. Vom Aufstehen am Morgen bis zum abendlichen Schlafengehen sollten sich die Mönche und Nonnen in Achtsamkeit üben. Jeder kleinste Handgriff, jeder Schritt, jede Tätigkeit, ja selbst das Tragen der Kleidung am Körper wurde so zum Objekt der Meditation.

Nun gibt es aber Tätigkeiten, die wir gar nicht gern verrichten, und ich nehme an, da bildeten die Anhänger des Buddha auch keine Ausnahme. Wir alle werden immer wieder mit Dingen und Handlungen konfrontiert, die uns nicht liegen, die wir nicht mögen oder die uns sogar langweilen – am Arbeitsplatz und auch zu Hause. Manche Menschen bügeln gern, andere können diese Form der Beschäftigung auf den Tod nicht ausstehen. Der eine mäht zwar gern den Rasen, findet aber partout keine Befriedigung beim Abstauben, und viele finden Hausarbeit per se schrecklich. Im Kapitel *Der Boden, der mich trägt* (ab Seite 56) haben wir uns bereits mit einem liebevolleren Zugang zum Putzen und speziell zum Staubsaugen auseinandergesetzt, indem wir lernten, alltägliche Gegenstände, die wir zwar benutzen, denen wir aber sonst kaum Beachtung schenken, wieder etwas mehr wertzuschätzen.

Nun gehen wir mit der folgenden Übung noch einen Schritt weiter. Um wieder einen tieferen Bezug zu den Gegenständen, mit denen wir tagtäglich zu tun haben, zu entwickeln, kann es zuweilen hilfreich sein, die Dinge im wahrsten Sinne des Wortes zu personifizieren. So zu tun, als wären beispielsweise Tisch und Stuhl oder Messer und Gabel lebendige Wesen, denen wir mit Sorgfalt und Achtsamkeit begegnen, schärft unsere Sinne und lässt uns unser Umfeld bewusster erleben. Der amerikanische Zen-Koch Edward Espe Brown erzählte mir einmal von einem schlichten Esstisch, der im Speisesaal jenes Klosters stand, in dem er seine Ausbildungsjahre verbracht hatte. Zunächst war dieser Tisch einfach nur ein Ding, dem er wenig Beachtung schenkte. Er wischte die Oberfläche zwar mehrmals täglich sauber, tat dies aber meist gedankenlos. Schließlich gab ihm sein Meister den Rat, den Tisch wie einen Freund zu behandeln, ein Wesen mit eigenem Charakter, das er hegen und pflegen durfte. Edward begann nun den Tisch zu begrüßen, jedes Mal wenn er mit seinem Lappen anrückte, und mit ihm zu sprechen, während er sanft über die glatte Holzoberfläche wischte. Im Laufe der Zeit entwickelte er einen tieferen Bezug zu dem Tisch; der vormals leblose Gegenstand war für ihn lebendig geworden.

Übung

Wenden wir uns nun einer Tätigkeit zu, die Hausfrauen und -männer in zwei Lager spaltet. Die einen lieben händisches

Geschirrspülen, die anderen können diesem Tun überhaupt nichts abgewinnen. Mithilfe eines kleinen Tricks, der in seiner ursprünglichen Fassung einmal mehr aus der Feder von Thich Nhat Hanh stammt, können einem aber Tasse, Teller und Co. regelrecht ans Herz wachsen.

Stellen Sie sich beim nächsten Spülgang bereits beim Einlassen des Wassers ins Spülbecken vor, dass Sie dem kleinen, gerade geborenen Buddha sein erstes Bad vorbereiten. Im Wissen um seinen späteren Werdegang ist Ihnen bewusst, welch besonderes Kind hier nun zum ersten Mal gebadet wird. Ihm sollen die größtmögliche Achtsamkeit und die liebevollste Zuwendung zuteilwerden. Atmen Sie, bevor Sie den ersten Teller in das Wasser tauchen, ein paar Mal bewusst ein und aus und beobachten Sie dabei das Heben und Senken Ihrer Bauchdecke. Achten Sie auch auf Ihren Körper, indem Sie mit der Aufmerksamkeit kurz, von den Füßen bis hinauf zum Scheitel, durch ihn hindurch wandern. Nehmen Sie dann den Teller, eine Schüssel, ein Glas oder eine Tasse zur Hand und geben Sie das Geschirr behutsam ins schaumige Spülwasser. Dieses leblose »Ding« wird nun unter Ihren Händen zum Buddha-Baby. Baden Sie das kleine Wesen sanft und sorgfältig.

Drehen und wenden Sie es im warmen Wasser und waschen Sie es so sachte und vorsichtig, als hätten Sie ein echtes Neugeborenes in den Händen. Fahren Sie so fort, bis alles Geschirr gespült ist.

Dem Buddha zufolge sind wir nicht voneinander getrennt, auch nicht von den vermeintlich leblosen Dingen. Genau wie dieser Teller, dieses Glas oder jener Löffel bestehen auch wir aus jenen Elementen, die, wenn wir lernen tiefer zu schauen, in millionenfacher Gestalt überall zu finden sind.

Tipp

Statt des kleinen Buddhas können Sie auch sich selbst baden. Stellen Sie sich also vor, dass Sie selbst, durch Ihre eigenen Hände sicher gehalten, als Neugeborenes in diesem Wasser liegen, und waschen Sie dieses kleine, hilflose Wesen mit so viel Zärtlichkeit, wie Sie in diesem Moment aufbringen können.

Säen und ernten – eine Gartenkontemplation

Wer das Glück hat, einen Garten sein Eigen zu nennen, der weiß, wie schön es ist, mit den Händen in der satten Erde zu arbeiten. Wir können dabei zusehen, wie alles, was wir im Frühjahr gesät und gepflanzt haben, im Laufe des Sommers zum Blühen und Reifen kommt. Der Kreislauf der Jahreszeiten zeigt sich anhand des Mikrokosmos unseres Gartens sehr viel deutlicher. Die Natur ist einer permanenten Veränderung und Erneuerung unterworfen. Sie bringt in unendlicher Fülle Früchte, Farben und Düfte hervor – sie gebiert und sie stirbt jeden Tag tausendfach.

Selbst wenn Sie lediglich ein paar Blumenkästen auf dem Balkon zu versorgen haben, können Sie, wenn Sie genau hinsehen, dieses Phänomen des steten Wandels Ihrer Pflanzen tagtäglich beobachten.

Übung

Vergegenwärtigen Sie sich jedes Mal, wenn Ihre Hände im Garten graben, säen, pflanzen oder ernten, dass diese Erde uns das Leben schenkt und dass unser menschlicher Körper von ihren Gaben abhängig ist. Wir sind untrennbar mit Mutter Erde verbunden, denn unser Körper besteht aus den gleichen Elementen wie die Erde. Thich Nhat Hanh hat uns folgende Kontemplation für die Gartenarbeit mit auf den Weg gegeben. Werfen Sie ab und zu einen Blick darauf, bevor Sie sich draußen an die Arbeit machen:

»Die Erde schenkt mir das Leben.
Sie nährt mich.
Die Erde nimmt mich auch wieder zu sich.
Mit jedem Einatmen werden wir geboren.
Mit jedem Ausatmen sterben wir.«

Tipp

Bedanken Sie sich am Ende des Sommers speziell bei den Blumen in Ihrem Garten oder auf dem Balkon für ihren Duft und für die Freude, die sie Ihnen mit ihrer Schönheit bereitet haben.

Das stille Örtchen

Für den Buddha hörte die Meditationspraxis jenseits des Meditationskissens keinesfalls auf. Im Gegenteil, Zeit seines Lebens hielt er, wie wir aus den vorangegangenen Übungen zum Geschirrspülen oder für die Gartenarbeit bereits wissen, seine Schüler dazu an, alle täglichen Verrichtungen ohne Ausnahme mit in die Praxis einzubeziehen. Erleuchtung konnte – und kann! – seiner Ansicht nach überall verwirklicht werden, selbst beim Einnehmen der Mahlzeiten, beim Putzen oder auf der Toilette.

Für die meisten Menschen ist der Gang zur Toilette ein notwendiges Übel, das oft sogar mit Ekelgefühlen behaftet ist. In der Regel denken wir auch nicht allzu viel über den hochkomplexen Verdauungsvorgang unseres Körpers nach, es sei denn, Nieren, Blase, Magen oder Darm bereiten uns Probleme.

Der Buddha legte seinen Schülern aber nahe, auch diese Vorgänge im Körper sorgfältig zu beobachten und darüber zu kontemplieren. Alles ist dem Wandel unterworfen, so auch die Speisen und Flüssigkeiten, die wir unserem Körper zuführen, damit sie ihn nähren und am Leben erhalten. Diesen steten Wandel, die allem zugrunde liegende Veränderung und Vergänglichkeit zutiefst zu verstehen und zu verinnerlichen, ist für den Buddha eine Grundvoraussetzung, um Befreiung von jeglichem Leiden zu erlangen. Befreiung von Leid bedeutet, sich dem Fluss des Lebens bedingungslos hingeben zu können.

Übung

Machen Sie den Gang zur Toilette von nun an zu Ihrer täglichen Meditationssitzung der besonderen Art. Lassen Sie sich dabei genügend Zeit und beobachten Sie die Vorgänge, die sich um den Akt des Erleichterns abspielen, genauso sorgfältig wie beispielsweise das Heben und Senken Ihrer Bauchdecke bei der klassischen Atemmeditation: das Entkleiden, das Platznehmen und das anschließende Sitzen auf der Klobrille, die Fußsohlen, die dabei den Boden berühren, und so weiter. Gehen Sie mit Ihrer Aufmerksamkeit direkt zu den unmittelbaren Körpererfahrungen – Empfindungen, Bewegungen, Gerüche. Welche Gefühle steigen auf? Erleichterung, Zufriedenheit, Ekel, Unwohlsein? Anspannung, Entspannung? Mögen Sie Ihren Körper?

Machen Sie sich bewusst, welch ein Wunder der Natur Ihr Körper ist. Reibungslos verarbeitet er die verabreichten Lebensmittel und zieht die lebensnotwendigen Nährstoffe für sich heraus. Magen, Darm, Leber, Nieren und Blase, schlichtweg alle inneren Organe, arbeiten im Verborgenen wie ein perfektes Uhrwerk. Vergegenwärtigen Sie sich dabei auch den steten Wandel, dem alles, auch Ihr Körper, unterworfen ist.

Die beiden folgenden »Toiletten-Kontemplationen« sind häufig in buddhistischen Klöstern zu finden und können dabei helfen, sich die Vergänglichkeit und das Entstehen und Vergehen aller Dinge – auch unseres eigenen Körpers – eindrücklicher zu vergegenwärtigen:

»Verunreinigt oder makellos,
zunehmend oder abnehmend –
diese Konzepte existieren nur in meinem Geist.
Alles, also auch mein Körper, unterliegt dem
wechselseitig bedingten Entstehen.«

»Alles, was ich bekommen habe, werde ich wieder
geben. Möge ich verstehen, dass nichts letzten Endes
mir gehört, sondern dass alles in den Kreislauf des
Lebens zurückkehrt.«

Der Neustart – glücklich im Miteinander

Der Buddha war mit Sicherheit kein Heiliger, der von oben herab weise Ratschläge erteilte. Er hatte zwar Erleuchtung erlangt, doch in erster Linie war und blieb er ein Mensch und kein abgehobenes himmlisches Wesen. Seine Lehrreden zeugen bis heute von tiefer Liebe, Weisheit und Mitgefühl. Der Buddha hatte erkannt, dass alle fühlenden Wesen, einschließlich er selbst, hier auf Erden leiden müssen. Lediglich eine andere Sichtweise auf dieses Leiden ermöglicht es uns, uns tatsächlich daraus zu befreien. Trotzdem bleiben Krankheit, Trennung, Verlust, Alter und Tod weiterhin bestehen und wir werden uns auch in Zukunft damit auseinandersetzen müssen.

Neben diesen schweren Themen gibt es noch die »kleinen alltäglichen« Formen des Leidens wie Missgunst, Neid, Wut und vieles mehr. Wir werden immer wieder, sei es in der Arbeitswelt oder privat, mit Missverständnissen konfrontiert und müssen uns im Familien- und Freundeskreis mit Ärger und Streit auseinandersetzen. Auch der Buddha hatte mit Zwietracht und Ablehnung zu kämpfen, denn nicht immer begegnete man ihm mit offenen Armen.

Das achtsame Sprechen haben Sie bereits ab Seite 46 kennengelernt und dort auch erfahren, wie wichtig zugleich das achtsame Zuhören ist. Es erfordert ein offenes, vorurteilsloses Herz. Ob für privates oder berufliches Miteinander, wir wollen die Praxis der achtsamen Kommunikation hier vertiefen.

Im Kloster von Thich Nhat Hanh habe ich eine Meditationspraxis kennengelernt, die helfen kann, sowohl das achtsame Sprechen als auch achtsames Zuhören zu kultivieren. Mithilfe dieser Partnerübung lernen wir wieder, uns zu öffnen und uns unserem Gegenüber zuzuwenden – und werden dabei selbst auch gebührend gehört! Empathie, Mitgefühl, gegenseitiger Respekt und Mitfreude können wachsen.

Übung

Wählen Sie für sich und Ihren Partner – und/oder Ihre Familie – einen fixen Termin in der Woche. Am besten eignet sich eine festgelegte Stunde am Wochenende, in der Sie gemeinsam eine Art Neustart praktizieren. Dieser Neustart, Thich Nhat Hanh nennt diese Übung auch »Neubeginn«, dient der Reflektion. Jeder Einzelne lässt die vergangene Woche Revue passieren und berichtet, wie es ihm ergangen ist. Dabei werden die schönen Erlebnisse berichtet, aber auch heikle Themen, wie Streit in der Partnerschaft oder in der Familie, angesprochen. Derjenige, der das Wort hat, wird vom anderen beziehungsweise von den anderen nicht unterbrochen. Es ist hilfreich, entweder vorher gemeinsam eine bestimmte Redezeit auszumachen – normalerweise reichen 15 bis 20 Minuten. Sie können auch einen sogenannten Redestab nutzen: Das ist einfach ein schöner Ast oder ein anderer stabähnlicher Gegenstand. Wer ihn in der Hand hält, spricht, die anderen hören zu.

Wer fertig geredet hat, legt ihn in die Mitte, und wer als Nächstes drankommen möchte, nimmt ihn an sich und beginnt zu sprechen. Auch beim Redestab gilt, dass derjenige, der ihn in den Händen hält, nicht unterbrochen wird. Hierbei gibt es keine festgelegten Sprechzeiten.

Im Vordergrund dieser Übung steht die Achtsamkeit beim Sprechen und beim Zuhören. Es geht nicht darum, in Dialog zu treten oder das Gesagte zu kommentieren. Die Person, die spricht, ist sich vor allem darüber bewusst, dass Worte auch verletzen können. Selbst wenn es in der vergangenen Woche also einen Streit gegeben hat, der immer noch in Ihrem Inneren nagt, ist es wichtig, nun die richtigen Worte zu finden. Erzählen Sie von sich und wie Sie sich fühlen beziehungsweise gefühlt haben. Sagen Sie die Wahrheit, aber verlieren Sie sich nicht in Anschuldigungen. Versuchen Sie, die Dinge klar und direkt anzusprechen, ohne zu werten und zu urteilen, und schauen Sie Ihrem Gegenüber dabei in die Augen. Teilen Sie aber auch das Schöne und die angenehmen Erfahrungen der letzten Tage mit. Lassen Sie den oder die anderen an Ihrer Freude teilhaben.

Als zuhörender Part haben Sie die Aufgabe, dem anderen Ihr Gehör zu schenken und sich dem zu öffnen, was Ihnen mitgeteilt wird, auch wenn es unangenehm sein sollte. Versuchen Sie, den anderen wirklich zu verstehen und nicht abzuschweifen.

Öffnen Sie Ihr Herz und schwingen Sie mit den Erlebnissen und Erfahrungen Ihres Gesprächspartners mit, soweit es Ihnen möglich ist. Erweisen Sie dem Gesagten Respekt, indem Sie nicht unterbrechen. Versuchen Sie, die Erfahrungswelt des anderen auch in Ihnen lebendig werden zu lassen. Bewerten und verurteilen Sie nicht.

Sitzen Sie danach noch ein paar Minuten gemeinsam in Stille, um dem Gesagten die Chance zu geben, sich zu setzen. Wenn Sie möchten, dann verbeugen Sie sich zum Abschluss zum Dank voreinander. Nun können Sie gemeinsam und erfrischt in eine neue Woche starten.

Tipps

Brechen Sie nach dem Neustart nicht gleich eine Diskussion vom Zaun. Lassen Sie zu, dass sich die Worte – egal ob gesagt oder gehört – setzen können, und beobachten Sie die Gefühle, die dazu in Ihnen aufsteigen.

Sie können zum Abschluss des Neustarts ein paar freundliche Worte an den jeweils anderen richten: Was beispielsweise war in der letzten Woche besonders liebenswert am anderen?

Der Neustart lässt sich auch wunderbar mit der besten Freundin oder einem engen Freund praktizieren. Wählen Sie sich dafür vielleicht einen etwas weiter gesteckten Zeitrahmen.

Sich selbst ein liebevoller Freund sein

Solange wir uns selbst nicht von Herzen zugetan sind, kann es schwierig werden, auch anderen mit Freundlichkeit und liebevoller Zuwendung zu begegnen. Wir leben in einer Gesellschaft, in der unheilsame Verhaltensweisen wie Verurteilen, Bewerten und sich mit anderen in mehr oder weniger realistischen Konkurrenzkämpfen zu messen, gang und gäbe sind. Dabei machen wir in der Regel leider auch allzu oft vor uns selbst nicht Halt. Wir treiben uns innerlich zu Höchstleistungen an und sind dabei selbst unser größter Kritiker. Viele von uns haben verlernt, liebevoll mit sich und ihrem Körper umzugehen – in der Folge sind sie nicht mehr wirklich in der Lage, anderen offen zu begegnen. Dem Buddha zufolge ist es enorm wichtig, zunächst das eigene Herz von allen Verkrustungen zu befreien. Nur ein befreites Herz ist in der Lage, die tiefe Verbundenheit zum Leben an sich zu verstehen und aus diesem Wissen heraus zum Wohle aller entscheiden und handeln zu können.

Der Buddha und seine Nachfolger entwickelten bestimmte Meditationsformen, die uns helfen können, unsere natürlichen, liebevollen Eigenschaften, die in jedem Herzen wohnen, wieder freizulegen. Ein erwachtes Herz, also ein Herz, das sich von leidvollen Verhärtungen befreit hat, ist erfüllt von Liebe, Freude, Mitgefühl, Gelassenheit, Großzügigkeit und Dankbarkeit. All diese wunderbaren Eigenschaften schlummern auch in den Tiefen Ihres Herzens. Sie warten nur darauf, freigelegt zu werden.

Meditation

Um sich mit dieser Meditation vertraut machen zu können, ist es am Anfang erforderlich, sich für einen gewissen Zeitraum – etwa 10 bis 15 Minuten – an einen ruhigen Ort zurückzuziehen. Wenn Sie Familie haben, dann können Sie vielleicht morgens, bevor alle aufstehen oder wenn nach dem Frühstück alle aus dem Haus sind, ein bisschen in Ruhe üben. Suchen Sie sich kleine Zeitnischen im Alltag. Für manche Menschen eignet sich als Rückzugszeit der Abend besser. Experimentieren Sie einfach mit Ihren individuellen Möglichkeiten.

Schalten Sie aber auf alle Fälle das Handy aus und den Anrufbeantworter an. Später können Sie diese Meditation, wenn Sie mögen, immer und überall anwenden, denn sie ist nicht an Raum und Zeit gebunden.

Setzen Sie sich so aufrecht wie möglich hin. Das darf ruhig ein Stuhl am Küchentisch sein, Hauptsache ist, Sie sitzen bequem und können sich weitestgehend entspannen. Schließen Sie für einen Moment die Augen und lassen Sie sich im wahrsten Sinne des Wortes in Ihrem Körper nieder. Atmen Sie ruhig und bewusst ein und aus. Beobachten Sie dabei das Heben und Senken der Bauchdecke und lassen Sie Ihre Hände entspannt im Schoß ruhen.

Gehen Sie dann mit der Aufmerksamkeit zum Brustkorb und stellen Sie sich vor, wie Ihr Herz schlägt, um Sie am Leben zu erhalten. Dieses Herz schlägt nur für Sie und es besitzt zudem die Fähigkeit, uneingeschränkt zu lieben. Diese Liebe schließt alles und jeden mit ein – auch Sie selbst! Sprechen Sie nun im Stillen diese vier Sätze:

»Möge ich glücklich sein.
Möge ich frei sein von inneren und äußeren Gefahren.
Möge ich gesund sein.
Möge ich heiter und gelassen durchs Leben gehen.«

Wenn Sie möchten, dann legen Sie eine Hand auf die Herzgegend. Es steht Ihnen frei, die Augen weiterhin geschlossen zu halten, aber versuchen Sie bei jedem Satz ein herzliches Gefühl sich selbst gegenüber zu erzeugen. Das geht manchmal mit geschlossenen Augen besser, weil wir unseren Fokus dann leichter nach innen richten können. Wenn es Ihnen schwerfällt, liebevolle Gedanken an die eigene Person zu richten, dann nehmen Sie Ihre Fantasie zu Hilfe. Lassen Sie vor Ihrem inneren Auge ein Bild von sich selbst als kleines Kind entstehen und statten Sie dieses kleine Mädchen oder diesen Jungen mit all jenen wunderbaren Eigenschaften aus, an die Sie sich noch erinnern können. Ein Kind ist von Natur aus liebenswert! Vielleicht haben Sie aber auch noch ein Stofftier aus Kindertagen. Setzen Sie es sich auf den Schoß und betrachten Sie es liebevoll, während Sie Ihre Sätze formulieren, die Sie jederzeit auch individuell ein bisschen abwandeln können. Ihr Herz soll damit in Resonanz gehen, das ist das Wichtigste.

Wiederholen Sie die Sätze mehrmals hintereinander – wenn nötig auch laut, damit Sie ein besseres Gespür für sich bekommen. Es kann sein, dass neben liebevollen Gefühlen auch Trauer oder Wut aufsteigen. Wir sind es nicht gewohnt, uns selbst ein guter Freund zu sein. Alte, längst vergessen geglaubte Verletzungen können zutage treten, wenn wir beginnen, uns selbst nur das Beste zu wünschen. Falls also unangenehme Gefühle aufsteigen, dann registrieren Sie diese genau, lassen Sie sich aber von ihnen nicht davontragen. Kehren Sie wenn möglich immer zu den vier Sätzen zurück und lassen Sie diese wie Balsam auf Ihr verwundetes Herz einwirken.

Wenn Sie die »Wunschgebete« regelmäßig üben, werden diese sich irgendwann verselbstständigen. Die Worte wirken wie glückverheißende Samen, die eines Tages blühen werden. Solch ein in sich selbst genährtes Herz ist in der Lage, Liebe und Mitgefühl an andere weiterzugeben.

Tipp

Traditionell belässt man es bei dieser Form der Meditation, die sich auch Liebende-Güte-Meditation nennt, nicht bei der eigenen Person. Nach einer gewissen Zeit der Praxis wird der Radius auf einen guten Freund (das kann auch der Partner oder sogar ein geliebtes Haustier sein) oder auf einen Mentor (vielleicht ein ehemaliger Lehrer aus der Schule), später auf eine »neutrale« Person, also vielleicht jemanden, den Sie nur vom Sehen her kennen, und zu guter Letzt sogar auf einen »Feind« ausgedehnt. Achten Sie bei Letzterem darauf, dass Sie sich keine allzu große Bürde aufladen. Gehen Sie sorgsam mit sich und Ihrem Herzen um und wählen Sie niemanden, der Ihnen vielleicht in der Kindheit körperliche oder seelische Gewalt angetan oder großen Schaden angerichtet hat. Schwere Traumata sollten stets auch therapeutisch behandelt werden und im Rahmen der Meditation immer von einem erfahrenen Meditationslehrer begleitet werden. Der »Feind« kann also zunächst jemand sein, mit dem Sie aktuell Streit haben oder vielleicht auch ein Mensch, über den Sie sich geärgert haben.

Lazy *Buddha*

Freizeitmeditationen allein oder mit der ganzen Familie

»Unsere Verabredung mit dem Leben
findet im gegenwärtigen Augenblick statt.
Und der Treffpunkt ist genau da,
wo wir uns gerade befinden.«

Buddha

Lazy Day – ein Tag in Achtsamkeit

Im südfranzösischen Plum Village, dem Kloster des Zen-Meisters Thich Nhat Hanh, gibt es jede Woche einen »Lazy Day«. Dann ruht die Arbeit weitestgehend. Genau wie unser Sonntag ist der Lazy Day dazu gedacht, sich zu entspannen und sich ohne Verpflichtungen durch den Tag treiben zu lassen. Dennoch legt der Meister Wert darauf, dass die »innere Arbeit«, die Praxis der Achtsamkeit, nicht ganz zum Erliegen kommt. Dem Buddha zufolge ermöglicht die Achtsamkeit einen klaren Blick auf sich selbst, aber auch auf die Wesen und Dinge, die uns umgeben. Praktizieren wir Achtsamkeit, dann üben wir liebevolle Zuwendung uns selbst und zur ganzen Welt. An einem Tag, der der inneren Ruhe gewidmet ist, können wir viel leichter in den Achtsamkeitsmodus schalten und uns der Betrachtung von Körper, Geist und Seele widmen.

Achtsamkeit ist die Grundlage für jede Meditation; ihre Attribute sind uneingeschränkte Zuwendung, klares Wahrnehmen und eine offene und aufmerksame Ausrichtung auf das jeweilige Objekt. Wir können die Achtsamkeit auf den Körper und seine Empfindungen, auf unsere Gefühle, auf den Geist und auf das Bewusstsein ausrichten. Diese vier Komponenten sind eng miteinander verwoben und ihre Grenzen sind oft fließend. Sie umfassen, vereinfacht gesagt, unser gesamtes Dasein, unsere Wahrnehmungen, Empfindungen und Erfahrungen, unsere Gedanken und das große Spektrum an Gefühlen und Emotionen.

Betrachten wir unser Leben etwas genauer, dann erkennen wir, dass sich so gut wie alles um unsere Gefühle dreht. Dicht gefolgt von unseren körperlichen Befindlichkeiten. Manchmal ändern die beiden auch ihre Rangfolge, wenn wir beispielsweise schwer erkrankt sind. Schmerzen und körperliche Schwäche können dann so massiv in den Vordergrund treten, dass Gefühle und Emotionen zeitweise von Platz eins verdrängt werden. Doch die meiste Zeit unseres Lebens bestimmen die Gefühle unseren Alltag.

Um tief in die Sphären von Geist und Bewusstsein eindringen zu können, ist es meines Erachtens hilfreich, sich einen kompetenten Lehrer zu suchen. Aber in Sachen Körpererfahrungen und Gefühle können wir uns zunächst auch allein auf den Weg machen. So ein Lazy Day ist dafür bereits eine wunderbare Gelegenheit.

Übung

Wir verlassen am Lazy Day das traditionelle Üben auf dem Meditationskissen, um den ganzen Tag über – natürlich mit Pausen, wann immer Sie wollen – uns selbst und anderen achtsam zu begegnen. Wählen Sie dafür also einen Tag, an dem Sie sich nichts Bestimmtes vorgenommen haben, damit dieser sich ganz nach seinem eigenen Rhythmus entfalten kann.

Am Lazy Day sollten sich die Stunden, ohne großes Zutun Ihrerseits, ganz von allein entfalten dürfen. Planen Sie vielleicht einen Spaziergang oder einen Besuch im

Café ein, aber überfrachten Sie den Tag nicht mit solchen Freizeitaktivitäten. Der Fokus sollte heute weitestgehend auf Ihr Innerstes gerichtet sein.

Checken Sie schon beim Aufstehen am Morgen, wie Sie sich fühlen. Bemerken Sie vielleicht Enttäuschung beim Blick aus dem Fenster, weil es regnet? Oder kommt Freude auf, weil die Sonne lacht? Benennen Sie, was in Ihnen vor sich geht. Bleiben Sie dabei neutral, indem Sie das Wörtchen »Ich« weglassen. Statt »Ich bin ärgerlich« oder »Mich freut der blaue Himmel« bemerken Sie lediglich »Da ist Ärger«, »Da ist Freude« oder »Da ist Langeweile«. Gehen Sie nun mit dieser offenen Neugierde, was Ihre Umwelt, Ihren Körper und Ihre Gefühle betrifft, durch den Tag. Langeweile? Aha, so fühlt sich Langeweile an. Ganz schön unangenehm! Bewegung an der frischen Luft. Aha, so fühlt sich Kraft und Vitalität an. Sehr angenehm!

Gefühle und Emotionen unterliegen nicht unserer Kontrolle. Sie kommen und gehen einfach. Wir versuchen zwar oft, unsere Gefühle in Schach zu halten oder sie zu verdrängen, aber im Grunde haben wir keinen wirklichen Einfluss darauf. Sie machen, was sie wollen. Genauso steht es um unseren Körper. Wir werden krank, ohne es zu wollen. Wir altern und zuletzt sterben wir – ohne vorher gefragt zu werden.

Nutzen Sie Ihren Lazy Day, um sanft und ohne Druck zu schauen, was sich in Ihrem Herzen so bewegt und wie Sie auf äußere Umstände im Inneren reagieren. Es ist an solch einem Tag nicht wichtig, Antworten auf die großen Fragen des Lebens zu finden, sondern freundlich und aufmerksam bei sich zu bleiben. Gerade anhand von einfachen Alltagssituationen können wir entdecken, wie wir wirklich ticken. Wie reagieren wir darauf, wenn es plötzlich nicht mehr so läuft, wie wir es uns wünschen? Wollen wir die innere Unruhe gleich wieder loswerden? Der Lazy Day ist dazu da, sich darin zu üben, alles so sein zu lassen, wie es ist, und den Gefühlen und Empfindungen zu erlauben, sich in ihrem Tempo zu entfalten, um sich letztendlich wieder, ohne unser Zutun, aufzulösen.

Tipps

Wichtig ist, dass Sie sich immer wieder Pausen vom Beobachten gönnen, schließlich wird das englische Wort *lazy* mit »faul« übersetzt. Machen Sie zwischendurch, wonach Ihnen der Sinn steht. Erzwingen Sie nichts.

Genau wie alles andere auch ist die Achtsamkeit dem steten Wandel unterworfen. Sie kommt und geht. Gehen Sie mit einem spielerischen Geist an die Sache heran und lassen Sie sich von der Vielfalt Ihres wandelbaren Innenlebens überraschen. Heißen Sie Ihre Gefühle, Empfindungen und Erfahrungen wie lang erwartete Gäste willkommen, um sie nach ihrem Besuch, egal wie lange er auch dauern mag, wieder ziehen zu lassen.

Mein Kopf in Buddhas Schoß – Meditation bei Angst, Trauer oder Einsamkeit

Vor einigen Jahren besuchte ich einen vierwöchigen Meditationskurs im Schweigen. Ich nehme regelmäßig an solchen Schweigewochen teil und freue mich meistens schon Monate vorher auf diese intensive Zeit der Praxis. Doch dieses Mal war es anders: Ich hatte mich kurz vorher von meinem Partner getrennt und kämpfte innerlich noch schwer mit meiner Trauer. Ich fühlte mich einsam, verlassen und sehr dünnhäutig. Am Tag der Ankunft – am Abend sollte das Schweigen dann mit einer ersten gemeinsamen Meditationssitzung in der Halle beginnen – setzte ich mich ein bisschen abseits von den anderen Teilnehmern, die sich herzlich begrüßten und aufgeregt miteinander redeten, in die kleine Bibliothek des Seminarhauses. Mir war nicht nach Gesellschaft zumute und außerdem hatte ich auch ein kleines bisschen Angst vor den kommenden Wochen, in denen ich ja ganz allein mit meinen schlimmen Gefühlen sein würde. Ich war ganz versunken in meine düsteren Gedanken, da fiel mein Blick plötzlich auf ein Bild des Dalai Lama an der gegenüberliegenden Wand. Unter seinem lächelnden Gesicht stand sinngemäß:

»Immer wenn du Angst hast, dann lege einfach deinen Kopf in Buddhas Schoß. Er wird dich trösten.«

Schon allein beim Lesen dieser Worte wurde mir ganz warm ums Herz. Wann immer ich mich in den folgenden Wochen mutlos oder einsam fühlte, ging ich in die Bibliothek und legte beim Anblick des Dalai Lama in meiner Vorstellung den Kopf in den Schoß des Buddha.

Übung

Ziehen Sie sich für 10 bis 15 Minuten an einen ruhigen Ort zurück und begeben Sie sich, wenn Sie mögen, in Meditationshaltung. Wichtig ist lediglich eine aufrechte, aber entspannte Haltung im Sitzen, die Sie genauso gut auf einem Stuhl oder in einem Sessel einnehmen können. Schließen Sie die Augen und atmen Sie dann ein paar Mal bewusst ein und aus. Stellen Sie sich vor, wie Sie sich regelrecht in Ihrem Körper niederlassen und sich mit allen Fasern in ihm ausbreiten, als würden Sie sich an einem besonders wohligen und vor allem sicheren Platz befinden. Atmen Sie ruhig und ohne in das Atemgeschehen einzugreifen. Beobachten Sie dabei das Heben und Senken der Bauchdecke.

Stellen Sie sich nun vor, dass der leibhaftige Buddha neben Ihnen sitzt und mit Ihnen im gleichen Rhythmus atmet. Versuchen Sie, sich seine unerschütterliche, aber liebevolle Präsenz zu vergegenwärtigen. Vielleicht spüren Sie auch das weite, klare und gelassene Feld, das ihn umgibt. Sie können darin eintauchen wie in ein heilsames Bad.

Legen Sie als Nächstes in Ihrer Vorstellung den Kopf in den Schoß des Buddha und lassen Sie sich von ihm sanft

über das Haar streicheln. Wie ein Kind, das geborgen in den Armen der Mutter ruht, können Sie sich nun getrost dem liebevollen Schutz des Buddha anvertrauen. Sein Blick ruht sanft auf Ihrem Gesicht und er richtet seine gesamte Aufmerksamkeit auf das, was Sie ihm zu sagen haben. Stellen Sie sich vor, wie er mit einem leisen Lächeln Ihren Sorgen lauscht. Sie können davon ausgehen, dass er Ihnen aus seiner unerschöpflichen Weisheit heraus einen Rat geben und Ihnen helfen wird. Sie müssen nur genau hinhören, indem Sie Ihrer inneren Stimme lauschen.

Beenden Sie die Übung, indem Sie dem Buddha ein Lächeln schenken und sich, wenn Sie möchten, mit vor der Brust gefalteten Händen vor ihm verbeugen.

Der Weg ist das Ziel – Gehmeditationen

Das Wandern erfreut sich großer Beliebtheit. Viele Menschen sind gern draußen in der Natur, um abzuschalten und den Kopf frei zu bekommen. Ich selbst wuchs im bayerischen Voralpenland auf. Schon als kleines Mädchen bin ich mit meinen Eltern auf die umliegenden Berge geklettert und noch heute beruhigt mich das stete und langsame Bergaufgehen. Doch oft nehmen wir unsere Probleme und Sorgen mit auf unsere Spaziergänge und Wanderungen, und obwohl zügiges Gehen, intensive Bewegung überhaupt in der Regel Körper und Geist reinigt, finden wir manchmal selbst auf langen Strecken keine innere Klärung. Zudem hindert uns unser Gedankenkarussell daran, die Welt um uns herum ungefiltert wahrnehmen und genießen zu können. Wir sehen die Schönheiten der Natur nicht.

Folgende Variationen der klassischen Gehmeditation helfen Ihnen, den Fokus zunächst auf die unmittelbare Lebendigkeit Ihres Körpers zu lenken. Der Kopf wird dadurch frei und Ihre Sinne schärfen sich für das, was gerade im Inneren, aber auch um Sie herum geschieht. Ein freier Kopf, ohne belastende Gedanken und immer wiederkehrende Problemszenarien, ist viel besser in der Lage, weise und mitfühlende Entscheidungen zu treffen. Thich Nhat Hanh empfiehlt, das achtsame Gehen bei jeder sich bietenden Gelegenheit zu praktizieren, um stets präsent im Hier und Jetzt zu sein.

Meditation 1 – Schritte zählen

Für die klassische Gehmeditation wählt man sich drinnen oder draußen einen kurzen, festgelegten Pfad, den man immer und immer wieder beschreitet. Solch ein Meditationspfad misst meist nur 10 bis 15 Schritte, damit der Geist keine Gelegenheit bekommt, abzuschweifen. Während einer Periode der Gehmeditation, die traditionell 10 Minuten bis 45 Minuten – und länger – dauern kann, »wandert« man diesen Pfad so achtsam wie möglich auf und ab. Selbst der Buddha benutzte nachweislich eine bestimmte Wegstrecke, auf der er auch nach seiner Erleuchtung Gehmeditation übte. Noch heute kann man in Bodhgaya, nahe dem Mahabodhi-Tempel, auf dem Juwelenpfad in die historischen Fußstapfen des Buddha treten und Gehmeditation praktizieren.

Wenn Sie möchten, können Sie sich nun ebenfalls einen bestimmten, für andere vielleicht unsichtbaren Weg in Ihrem Garten oder auch im Haus wählen, um mit der Gehmeditation erst einmal vertraut zu werden. Sie können aber auch jederzeit während eines Spaziergangs oder einer Wanderung mit dem achtsamen Gehen beginnen.

Egal, ob Sie sich nun für einen festgelegten Pfad entschieden haben oder sich gerade mitten in der Natur aufhalten, der Einstieg in die Meditation ist stets gleich: Halten Sie einen Moment inne und beobachten Sie, bevor Sie die eigentliche Gehmeditation starten, ein paar Atemzüge lang das Kommen und Gehen Ihres Atems.

Nun wird die Atmung mit den Schritten koordiniert. Diese Praxis ermöglicht Ihnen ein relativ schnelles Gehen, eine Form des Schreitens, die auch in der Öffentlichkeit leicht umsetzbar ist und wenig auffällt. Ich selbst habe festgestellt, dass beim Wandern diese Form der Gehmeditation gut mit dem gemäßigten Schritt beim Bergaufgehen harmonieren kann.

Setzen Sie sich also in Bewegung und gehen Sie beim Einatmen drei Schritte, während des folgenden Ausatmens folgen wieder drei Schritte. Zählen Sie jeweils mit. Es kann sein, dass Sie sich mit drei Schritten unwohl fühlen; experimentieren Sie ein bisschen und finden Sie heraus, welche Anzahl sich am besten an Ihre Atmung anpassen lässt. Mit der Zeit werden sich Ihre Atemzüge und die Schrittfolge ganz natürlich aufeinander abstimmen.

Nach und nach können Sie das Gewahrsein dann etwas ausweiten und während des meditativen Gehens auch die unmittelbare Umgebung mit in die Beobachtung aufnehmen. Lassen Sie sich aber nicht von den Sinneseindrücken gefangen nehmen, sondern kommen Sie konsequent immer wieder zum Gehen und zu Ihrer natürlich fließenden Atmung zurück.

Während eines gewöhnlichen Spaziergangs können Sie in regelmäßigen Abständen vom normalen Gehen in die Gehmeditation wechseln, dies ermöglicht Körper und Geist, sich tiefer einzulassen. Sie kommen wieder in Kontakt – mit sich selbst und mit der Welt, die Sie umgibt.

Tipp

Es gibt Tage, an denen wir überhaupt nicht zur Ruhe kommen. Das Gedankenkarussell will nicht still halten und die Sorgen und Nöte im Herzen zerren an der Lebenskraft. Vielleicht versuchen Sie es dann mit einer Affirmation. Sie kann dabei helfen, den Boden unter den Füßen wieder zu spüren, gerade dann, wenn Sie das Gefühl haben, innerlich ins Bodenlose zu fallen. Lenken Sie die Aufmerksamkeit zunächst während des Gehens zum Atem und wenden Sie sich dann Ihren Schritten zu. Jedes Mal, wenn die Füße den Boden berühren, sagen Sie abwechselnd leise Ihren Vornamen und den Satz: »Ich bin zu Hause.«

Ihr Unterbewusstsein reagiert darauf und verbindet beides miteinander. Sie fühlen sich wieder – und sei es auch nur für ein paar kurze, kostbare Momente – von Mutter Erde getragen und angenommen. Die Probleme verlieren an Schärfe und Dringlichkeit, Ruhe kehrt im Herzen ein und innere Weite kann sich entfalten. Aus dieser Weite heraus ist es sehr viel leichter, sich den Unzulänglichkeiten des Lebens zu stellen und besonnen zu handeln.

Wenn Sie möchten, dann denken Sie sich immer wieder neue Affirmationen aus. Ersetzen Sie Ihren Vornamen beispielsweise durch die Wörter »Liebe« oder »Herzenswärme« und tauschen Sie »Ich bin zu Hause« gegen »Ich bin angekommen« aus.

Meditation 2 – Gehen und Benennen

Im Grunde praktizieren wir bei der Gehmeditation, egal welche Form wir auch ausüben, ein »absichtsloses« Gehen; wir gehen lediglich um des Gehens willen. Das Gehen an sich spielt die Hauptrolle, das Ziel ist nicht wichtig.

Gehen ist etwas Wunderbares, dies fällt uns zumeist erst dann auf, wenn wir vielleicht durch eine Verletzung und aufgrund der Einschränkungen des Alters nicht gut oder vielleicht gar nicht mehr gehen können. Im normalen Alltag denken wir über das Gehen nicht groß nach – es geschieht ohne bewusstes Zutun. Durch das Benennen der einzelnen Bewegungsabläufe während des Gehens in der Meditation sind wir uns jedes Schrittes bewusst. Wir bekommen mit, wie unsere Füße aufsetzen und abrollen und wie sich der Boden unter den Füßen anfühlt. Dieses sorgfältige Beobachten bewirkt zudem, dass sich unser gewöhnliches Lauftempo auf natürliche Weise reduziert. Wir sind dadurch in der Lage, jeden Schritt zu genießen.

Stellen Sie sich zu Beginn dieser Gehmeditation aufrecht und gerade hin und lenken Sie die Aufmerksamkeit auf die Füße. Fühlen Sie genau hin, wie die Fußsohlen die Erde oder den Boden berühren, und verweilen Sie dort einen Moment. Wie fühlt sich der Boden an? Ist er hart oder weich, uneben oder ebenmäßig? Bleiben Sie mit Ihrer Konzentration bei den Füßen, wenn Sie nun den ersten Schritt machen. Bemerken Sie das Loslösen des Fußes vom Boden und benennen Sie den Vorgang im Stillen mit »heben«.

Bleiben Sie dabei aktiv in der Erfahrung und spüren Sie genau hin, wie sich dieses Heben anfühlt. Verändert sich dabei etwas im Körper? Wie sieht es mit der Balance aus?

Führen Sie dann den Fuß nach vorn und benennen Sie dies mit »führen«. Versuchen Sie beim Benennen stets in der Erfahrung zu bleiben, sonst besteht die Gefahr, mechanisch zu werden – der Geist benennt zwar brav weiter, schweift aber trotzdem ab. Senken Sie dann den Fuß zurück auf die Erde und sagen Sie dabei innerlich »senken«.

Tipp

Diese Form der Gehmeditation, die wegen ihrer Langsamkeit zugegebenermaßen für Außenstehende etwas seltsam anmutet, ist vielleicht im heimischen Garten oder innerhalb der eigenen vier Wände besser geeignet als mitten unter Menschen. Aber wenn Sie mutig genug sind, dann kann ich Ihnen das »Gehen und Benennen« draußen in der Natur sehr ans Herz legen. Das langsame und sehr bewusste Gehen schärft und öffnet den Blick auch für die kleinen, unscheinbaren Schönheiten am Wegesrand. Ich selbst praktiziere diese Übung oft mit meinen Kursteilnehmern inmitten von »ganz normalen« Spaziergängern an der Isar und wir wurden noch nie ausgelacht. Im Gegenteil, manchmal schließen sich uns sogar spontan fremde Menschen an, um mitzumachen.

Was passiert denn da? – Den Blick schärfen

Den meisten Erwachsenen ist im Laufe ihres Lebens die kindliche Neugierde abhandengekommen. Kinder erleben und erfahren ihre Umwelt in der Regel wach und offen, beides Attribute, die es dem Buddha nach auch in der Meditation zu kultivieren gilt. Ein wacher und offener Geist möchte wissen, was gerade geschieht. Er betrachtet interessiert das Objekt seiner Meditation und lässt die Dinge erst mal geschehen, ohne einzugreifen.

Vipassana-Meditation, wie sie in der buddhistischen Welt schon seit Jahrtausenden praktiziert wird, macht sich diese kindliche Neugierde, den sogenannten Forschergeist, zunutze. Vipassana bedeutet wie bereits erwähnt »Einsicht in die Dinge, wie sie sind« oder einfach übersetzt »klares Sehen«. Traditionell wird Vipassana in Meditationshaltung auf dem Kissen geübt (siehe auch *Klar sehen* ab Seite 30). Die folgende Variante können Sie überall und in jeder Lebenslage – auch gemeinsam mit der Familie – ausprobieren. Sie schult das Bewusstsein, schärft den Blick und die Konzentration und geht den Dingen, wie sie wirklich sind, spielerisch auf den Grund. Ich möchte sie Ihnen nahebringen, indem ich Ihnen ein Erfahrungsbeispiel erzähle.

Übung

Im Grunde kann man die Technik der Vipassana-Meditation auch mit einer einzigen Frage umschreiben: Was passiert da eigentlich?

Während ich diese Zeilen niederschreibe, tobt draußen vor meiner Terrassentür ein heftiger Frühlingssturm. In der Regel nehme ich – sofern ich nicht unmittelbar darin verwickelt bin – solch ein Naturphänomen nur am Rande wahr, zumal ich ja geschützt und gemütlich drinnen sitze und mir der Wind nichts anhaben kann. Dem Sturm nun auf den Grund zu gehen, würde bedeuten, dass ich vom Schreibtisch aufstehe und die Geschehnisse zunächst mal durch das schützende Glas hindurch beobachte. Was passiert da gerade? Ich kann den Wind nicht sehen, aber ich sehe seine Auswirkungen. Die tibetischen Gebetsfähnchen, die ich an der Balustrade befestigt habe, flattern wild. Die Zweige des Rosmarins neigen sich in Richtung Westen; der Wind weht also heute von Osten her. Leere Tontöpfe klappern in unregelmäßigem Takt und die Plastiktischdecke vom Gartentisch hat sich, nur noch gehalten von einem Stein, der auf dem Tisch liegt, zu einem unansehnlichen Knäuel zusammengeballt.

Um den Sturm noch besser erforschen zu können, muss ich die Tür aufmachen und auf die Terrasse treten. Wie fühlt sich der Wind auf meiner Haut und in meinen Haaren an? Was passiert oben am Himmel? Wolken jagen rasend schnell über das Firmament und immer wieder blitzt die Sonne durch. Was ist Wind eigentlich? Wie funktioniert er? Zurück im windstillen Arbeitszimmer befrage ich meinen Laptop dazu. Ich habe den Wind gesehen und gehört, ich weiß nun, wie er sich anfühlt, wie er riecht und welche Kraft er in sich birgt. Jetzt lese ich nach und lerne neue Dinge über ihn. Und so bin ich dem Sturm letztendlich näher gekommen und er ist dadurch nicht mehr einfach nur ein Ding, das draußen vor meinem Fenster seine natürliche Arbeit verrichtet beziehungsweise vor sich hin wütet. Ich bin mit ihm mit allen Sinnen, soweit es mir möglich war, in Kontakt getreten.

Versuchen Sie, sei es zusammen mit dem Partner und den Kindern oder auch allein, in gleicher Weise mit den Dingen und mit der Natur um Sie herum hin und wieder tiefer in Kontakt zu treten. Erforschen Sie beispielsweise den Flug eines Vogels am Himmel. Was passiert beim Fliegen eigentlich? Was geht da vor sich und wie sieht es aus? Wie funktioniert das? Werden Sie zum Naturforscher und finden Sie heraus, wie die Welt beschaffen ist. Begegnen Sie dem Kaleidoskop des Lebens mit dem Auge eines Buddha, der stets darauf bedacht ist, die Dinge achtsam und sehr genau zu betrachten. Achtsamkeit bedeutet, die Welt mit einem offenen und freundlichen Blick so zu erforschen, wie sie ist, ohne sie abzulehnen oder gar zu den eigenen Gunsten verändern zu wollen. Erst wenn wir den Dingen mit Klarsicht und Offenheit auf den Grund gegangen sind, können wir Entscheidungen treffen, die auf Weisheit, Wissen und Mitgefühl basieren.

In die Stille eintauchen – sanft einschlafen

Schlafstörungen sind in unserer modernen Gesellschaft weitverbreitet. Jeder Zweite leidet unter Einschlafstörungen oder liegt nachts zeitweise wach und kommt einfach nicht zur Ruhe. Die folgende Übung, um leichter in den Schlaf zu gleiten, stammt zwar nicht von Buddha persönlich, aber sie hätte ihm sicher gefallen.

Übung

Stellen Sie sich vor dem Zubettgehen aufrecht hin, die Beine hüftbreit auseinander. Der Nacken sollte die natürliche, entspannte Verlängerung der Wirbelsäule bilden.

Schließen Sie Ihre Augen und lenken Sie die Aufmerksamkeit hinunter zu den Füßen. Spüren Sie wie die Fußsohlen auf dem Boden aufliegen. Wandern Sie dann acht-

> **Tipps**
>
> Am nachhaltigsten hilft diese kleine Übung, wenn Sie
> sie bereits tagsüber immer wieder für ein paar Minuten
> praktizieren. Das geht auch im Büro oder zu Hause zwi-
> schendurch. Diese Übung hilft natürlich auch Kindern
> mit Einschlafstörungen – üben Sie doch gemeinsam!

sam von unten nach oben durch Ihren Körper, indem
Sie kurz den Fokus auf die verschiedenen Körperteile
legen: Schienbeine, Knie, Oberschenkel, Hüften, Becken,
Bauch … Lenken Sie zum Abschluss die Konzentration auf
den Atem, indem Sie ein paar Atemzüge lang das Heben
und Senken der Bauchdecke beobachten.

Legen Sie nun eine Hand auf Ihren Bauch und die andere auf die Höhe des Brustkorbs. Atmen Sie mehrmals
so tief, aber auch so entspannt wie möglich ein und aus.
Gehen Sie dann mit der Aufmerksamkeit zu der kleinen
Atempause, die nach der Ausatmung entsteht. Fahren Sie
damit fort, so tief und bewusst wie möglich zu atmen.

Versuchen Sie, immer wieder ein Gespür für diese
kleine Pause zu bekommen. Lassen Sie sie auf sich wirken
und genießen Sie den kurzen Moment der Stille, bevor es
wieder ans Einatmen geht. Fahren Sie damit so lange fort,
wie es Ihnen guttut.

Die Außerirdischen kommen – achtsam essen

Die folgende Meditation lehrte mich mein amerikanischer Meditationslehrer. Ich kann mir vorstellen, dass auch der Buddha höchstpersönlich großen Spaß an dieser unkonventionellen Übung gehabt hätte, schließlich ist er ja nachweislich offen für alles gewesen.

Viele Menschen denken, dass Meditieren furchtbar langweilig ist, aber Meditation muss – wie Sie bis hierhin ja sicher schon selbst erfahren haben – nicht bedeuten, dass wir unruhig auf dem Kissen hin und her rutschen und uns sehnlichst ihr Ende herbeiwünschen. Spielerisch angeleitet kann sie unsere kindliche Neugier, die von Geburt an in uns angelegt ist, wieder wecken und unseren Forschergeist anregen. Meditieren kann also richtig Spaß machen! Sie können diese Übung deswegen auch getrost zusammen mit Ihren Kindern ausprobieren.

Übung

Außerirdische werden nicht alle Tage an unsere Tafel gebeten. Sie müssen für sie allerdings kein Festmahl zubereiten, ein ganz normales Mittag- oder Abendessen tut es auch. Wenn Sie zusammen mit Ihrer Familie speisen, erklären Sie zunächst allen den Ablauf der Übung und beginnen Sie dann, für ein paar Minuten schweigend zu essen.

Während des Schweigens stellen Sie sich vor, dass rechts neben Ihnen ein Außerirdischer gelandet ist. Auf dem Planeten dieses Wesens gibt es keine feste oder flüssige Nahrung und es hat auch noch nie etwas von verschiedenen Geschmacksrichtungen und Konsistenzen gehört. So ein kleines Männchen ist sehr neugierig und will von Ihnen nun wissen, wie es sich überhaupt anfühlt, zu essen und zu trinken. Wie schmecken Erdbeeren und wie fühlen sie sich im Mund an? Wie kann man den Geschmack von Zimt genau beschreiben und warum macht es solchen Spaß, in einen knackigen Apfel zu beißen? Welche Gefühle breiten sich in uns aus, wenn wir eine warme Suppe oder ein Stück Schokolade zu uns nehmen, und wie können wir diese Empfindungen einem Außerirdischen verständlich machen? Wie erklären wir jemandem, der noch nie gegessen hat, die Säure einer Zitrone? Es ist ratsam, das Zwiegespräch mit dem Gast aus fernen Galaxien innerlich, also schweigend zu führen – gerade wenn mehrere Menschen, die alle die gleiche Übung praktizieren, am Tisch sitzen.

Wenn Sie möchten, dann beenden Sie den Dialog für alle, indem Sie mit der Gabel an ein Wasserglas schlagen. Dies kann auch ein Zeichen dafür sein, das Schweigen zu beenden, um sich über das Erlebte auszutauschen.

Tipp

Sie können auch dem Buddha statt dem Außerirdischen von Ihren Geschmackserlebnissen erzählen. Stellen Sie sich vor, er sitzt lächelnd neben Ihnen am Esstisch.

Alles verändert sich – über den Fluss des Lebens meditieren

Kommen wir noch einmal zum Beobachten der Natur. In der Übung »Was passiert denn da?« (ab Seite 97) haben Sie sich als Hobbywissenschaftler betätigt, um herauszufinden, wie die Dinge wirklich funktionieren und was um uns herum so alles geschieht. Im Folgenden gehen wir nun einen Schritt weiter und ergründen eine der Hauptthesen des Buddha. Der hat nämlich nicht nur herausgefunden, dass wir Menschen leiden und was wir dagegen tun können, er hat auch begriffen, dass sich alles, aber wirklich alles, ständig und permanent verändert.

Mit Begreifen ist hier kein intellektuelles Verstehen gemeint, denn im Grunde wissen wir ja alle, dass nach dem Tag die Nacht und nach Regen Sonnenschein folgen wird. Wir wissen auch um das Altern unseres Körpers und dass wir krank werden und irgendwann sterben. Nur wirklich in der Tiefe wahrhaben wollen wir all dies nicht! Der Geist versucht, uns stets Beständigkeit vorzugaukeln, wo gar keine ist. Nach ein paar Tagen Sonne können und wollen wir uns schlichtweg nicht mehr vorstellen, dass das Wetter irgendwann auch wieder kippen wird. Wir wissen es zwar, aber wir hoffen trotzdem, dass dem nicht so sein wird. Auf diese Weise agiert unser Geist ständig. Er wiegt uns in Sicherheit, indem er den steten Wandel, wie der Buddha sich ausdrückte, leugnet. Der Buddha aber erfasste die Tatsache, dass sich alles permanent verändert, sowohl durch be-

wusste körperliche Erfahrungen als auch auf einer tiefen geistigen Ebene, jenseits des allgemeinen intellektuellen Verstehens. Und genau das wollen wir nun auch üben.

Übung

Machen Sie einen Spaziergang und versuchen Sie, während des Gehens die Natur um Sie herum bewusst wahrzunehmen. Seien Sie sich dabei auch Ihres Körpers bewusst. Nehmen Sie wahr, wie er sich bewegt und wie er einen Schritt vor den anderen setzt. Beobachten Sie, wie sich die Landschaft um Sie herum ständig, vielleicht auch nur minimal, verändert. Bäume am Wegesrand kommen und verschwinden wieder aus Ihrem Gesichtsfeld. Wolken ziehen am Himmel, verändern ihre Form und lösen sich wieder auf. Vogelgezwitscher ertönt und verebbt wieder.

Setzen Sie sich für eine Weile auf eine Bank oder in eine Wiese. Schließen Sie die Augen und beobachten Sie das Kommen und Gehen Ihres Atems. Fokussieren Sie sich auf den jeweiligen Beginn des Ein- und Ausatmens.

Wenden Sie sich dann noch einmal Ihrem Gehör zu – wenn Sie möchten, dann halten Sie weiterhin die Augen geschlossen. Lauschen Sie auf das Entstehen von Tönen und Klängen in der Natur. Genau wie Ihr Atem kommen und gehen auch die Geräusche, ohne dass Sie unmittelbar Einfluss darauf haben. Sie entstehen wie von Zauberhand, wie aus dem Nichts und enden wieder.

Bleiben Sie mit der Aufmerksamkeit bei der ständigen Verwandlung der Welt um Sie herum.

»In unserem Umfeld ändert sich ständig irgendetwas –
das Leben befindet sich im permanenten Fluss.
Beobachte die Veränderungen um dich herum.
Sei bereit, die Risiken, die manche Veränderungen im Leben mit sich bringen, einzugehen.
Mach dir klar, dass auch du dich ständig veränderst und versuche, mit all diesen Veränderungen,
soweit es dir im Moment möglich ist, mitzufließen.
Genieße die Veränderung!«

Singen befreit – Mantras, die Kraft heiliger Worte

Wann haben Sie zuletzt lauthals gesungen? Vielleicht sogar heute Morgen unter der Dusche? Singen macht glücklich und es befreit uns von negativen Gedanken und Sorgen. Im Augenblick des Singens haben wir schlichtweg keine Zeit, uns anderweitig Gedanken zu machen.

In einigen buddhistischen Traditionen ist das Singen heiliger Silben und Wörter fester Bestandteil der Meditationspraxis. Die gesungenen Silben werden Mantras genannt. Das wohl berühmteste lautet »Om mani padme hum«. Die Silbe »Om« symbolisiert Geist und Körper aller Buddhas, die jemals gelebt haben und die noch kommen werden. »Mani padme« wird am häufigsten mit »Juwel im Lotos« übersetzt; die wahre Bedeutung ist aber nicht bekannt. »Hum« ist eine sogenannte Bekräftigungssilbe und wird mit »Heil!« übersetzt. Sie symbolisiert aber auch die Gedanken aller Buddhas.

Übung

Gehen Sie auf die Suche nach einem Mantra, das Ihnen gefällt. Sie finden im Internet, aber auch in Buchhandlungen, die sich auf spirituelle Themen spezialisiert haben, eine Fülle an Mantras auf CDs. Hören Sie hinein und lassen Sie Ihr Herz von den Tönen und Klängen berühren.

Sorgen Sie dann, zurück zu Hause, für eine ruhige Atmosphäre. Wenn Ihre Kinder oder der Partner mitsin-

gen wollen, nur zu! Setzen Sie sich im Kreis auf den Boden und legen Sie die Musik ein. Schließen Sie, auch wenn Sie allein und nur für sich singen, die Augen. Richten Sie sich so gerade wie möglich auf, damit der Brustkorb frei ist und sich die Lungenflügel beim Singen oder Tönen ungehindert ausdehnen können. Atmen Sie mehrmals tief durch und beginnen Sie dann mit dem Mitsingen des Mantras.

Wenn Sie möchten, legen Sie währenddessen die rechte Hand auf Ihre Herzgegend. Diese Geste bewirkt ein Öffnen des Herzens, vertieft die Atmung beim Singen und die tiefe Bedeutung der Silben kann sich freier entfalten.

Lassen Sie zum Schluss die Töne in der Stille nachwirken und spüren Sie den soeben verklungenen Klängen auch in Ihrem Herzen und im gesamten Körper nach.

Zen-Kreis und Mandala – meditativ kreativ sein

Der Zen-Buddhismus ist eine spezielle Form des Buddhismus und entwickelte sich nachweislich im 6. und 7. Jahrhundert unserer Zeitrechnung in China. Doch seine Wurzeln sind ebenfalls auch auf Siddhartha Gautama, den späteren Buddha, zurückzuführen. Der Zen-Kreis ist wohl das bedeutendste, bestimmt aber das bekannteste Symbol der Zen-Tradition.

Da aus dem Leben des historischen Buddha so gut wie nichts bekannt ist, seine vielen überlieferten Lehrreden mal ausgenommen, wissen wir nicht, ob auch er ab und zu zum Pinsel gegriffen hat. Aber aufgrund seiner unendlichen Weisheit wusste er sicher um die Bedeutung eines meditativ gemalten Zen-Kreises. Auch in unserer Kultur symbolisiert der Kreis eine Welt, die weder Anfang noch Ende kennt. Im Zen ist damit sowohl unsere innere als auch die äußere Welt gemeint. Zudem steht er für Vollendung und stellt den Weg eines Meditierenden dar, der durch jahrelanges Gehen auf dem Übungsweg letztendlich wieder bei sich selbst ankommt – allerdings verändert und in einem viel tieferen Sinne.

Das Malen eines »simplen« Zen-Kreises bedarf erstaunlicherweise jahrelanger Übung und eines erfahrenen Lehrers. Doch uns geht es hier in erster Linie um die Freude am meditativen, kreativen Tun – und bekanntlich macht Übung ja den Meister.

Übung 1: Zen-Kreis

Besorgen Sie sich dickes, am besten von Hand geschöpftes Papier, einen Aquarellpinsel und schwarze Aquarellfarbe. Traditionell wird in der Zen-Malerei zwar schwarze Tinte verwendet, doch Aquarellfarbe hat sich ebenfalls bewährt.

Im Zen wird im wahrsten Sinne des Wortes stets die Form gewahrt und der Meditierende ist angehalten, sich innerhalb dieser Formen und Regeln zu bewegen und zu praktizieren. Somit ist auch das Halten des Pinsels beim Malen genau vorgeschrieben. Das können wir zunächst beiseitelassen. Wichtig für unsere Übung ist vor allem, dass Sie die Aufmerksamkeit auf Ihr Tun richten und sich voll und ganz auf die Tätigkeit einlassen.

Bereiten Sie alles fürs Malen vor und setzen Sie sich dann vor das Blatt Papier, das noch vollkommen leer vor Ihnen liegt. Schließen Sie die Augen und stellen Sie sich einen vollendeten Kreis vor. Öffnen Sie dann die Augen wieder und greifen Sie zum Pinsel. Halten Sie den Pinsel locker zwischen Daumen und Zeigefinger – der Daumen lenkt beim Malen den Pinsel – und tauchen Sie ihn in die Farbe. Machen Sie sich jeden einzelnen Schritt so bewusst wie möglich. Vergegenwärtigen Sie sich Ihren inneren Kreis noch einmal und bringen Sie ihn dann spontan und dennoch konzentriert zu Papier.

Wie gesagt, ein perfekter Zen-Kreis bedarf der jahrelangen Übung. Betrachten Sie Ihren Kreis: Fühlt er sich für Sie perfekt an? Möchten Sie es noch mal versuchen? Verwenden Sie ein neues Blatt Papier und beginnen Sie mit dem Malen, als wäre es das allererste Mal.

Tipp
Üben Sie, bis Sie den Bogen raus haben, mit etwas weniger teurem Papier.

Das Mandala

Auch ein Mandala kann kreisrund sein. Buddhistische Mandalas dienen immer einem meditativen Zweck; sie regen, wenn man sie betrachtet, den Geist dazu an, sich auf visuelle

Weise mit der unendlichen Weisheit des Dharma, der buddhistischen Lehre, auseinanderzusetzen. Am berühmtesten sind wohl die tibetischen Sand-Mandalas, die von den Mönchen im Rahmen einer festlichen Puja, also einer religiösen Feier, kunstvoll in tagelanger, manchmal auch wochenlanger Arbeit angefertigt werden – nur, um dann wieder mit einer einzigen Wischbewegung zerstört zu werden. Diese Handlung ist symbolisch für die Vergänglichkeit allen Seins und soll uns gleichzeitig daran erinnern, dass wir nichts, auch nicht das Schöne und Erfreuliche, festhalten können.

Mandalas werden in vielen religiösen Traditionen rund um den Erdball rituell eingesetzt. Vereinfacht ausgedrückt sind sie dazu da, uns mithilfe von Farben und Formen auf verschlungenen Wegen in unsere eigene Mitte, zum Quell des Lebens, zurückzubringen.

Übung 2: Mandala

Da wir uns anhand des Zen-Kreises in der vorangegangenen Übung bereits im Malen ausprobiert haben, schlage ich Ihnen nun einen Spaziergang vor, um sich von der Natur draußen zu einem Mandala inspirieren zu lassen. Je nach Jahreszeit können Sie mithilfe von Blättern, Steinen oder Blumen Ihrer Kreativität freien Lauf lassen.

Machen Sie sich also nun mit offenen Augen auf die Suche und sammeln Sie alles, was Ihnen gefällt: bunte Blätter, Zweige, Beeren, Kastanien, Eicheln und Nüsse im Herbst. Schön geformte Zweige oder hübsche Blüten und

Gräser im Frühjahr und im Sommer. Nehmen Sie Ihre Schätze mit nach Hause und legen Sie sich daraus, vielleicht an dem Ort, wo Sie regelmäßig meditieren, auf einer Kommode, auf der Tischplatte oder auf der Fensterbank, Ihr ganz persönliches Mandala. Machen Sie sich dabei bewusst, wie vergänglich all diese Schönheit ist, und gestalten Sie Ihr Mandala mit Achtsamkeit und Sorgfalt.

Richtig große Mandalas lassen sich auch prima zusammen mit der ganzen Familie legen, entweder im Rahmen eines Spaziergangs direkt vor Ort oder zu Hause im Garten. Lassen Sie Ihrer Fantasie – und der Ihrer Kinder – freien Lauf. Neben Mandala-Malbüchern, die es zu kaufen gibt, kann man sich auch selbst schöne, verspielte Formen ausdenken.

Dem Buddha danken – sich vor dem Leben verbeugen

In allen großen Weltreligionen hat das Danken einen besonderen Stellenwert. Auch in vielen anderen Traditionen und Kulturen ist es Brauch, sich bei einer höheren, göttlichen Macht zu bedanken – und zwar nicht nur für die persönlichen Wünsche, die in Erfüllung gegangen sind, sondern beispielsweise auch für die Natur, die uns ernährt, oder für unseren Planeten, auf dem wir leben. Im Buddhismus wenden wir uns zudem auch noch dankbar nach innen, an unsere eigene Buddha-Natur, die laut Buddha allen fühlenden Wesen innewohnt. Die Buddha-Natur wird auch Bodhichitta, »edles Herz«, genannt. Dieses edle Herz beschreibt jenes unbegrenzte Potenzial an Liebe, Mitgefühl, Freiheit und Freude, das allem Leben zugrunde liegt.

Sie können sich Bodhichitta als einen strahlenden Diamanten, dem nichts und niemand wirklich Schaden zufügen kann, in Ihrem Innersten vorstellen. Dieser Diamant existiert in jedem von uns und wartet nur darauf, aus dem Dunkel hervorgeholt zu werden. Wie ein tatsächlicher Diamant, der tief in der Erde verborgen liegt und der, nachdem er gefunden wurde, erst einmal gesäubert wird, muss auch unser edles Herz zunächst behutsam von all den Verkrustungen, die das Leben darum gebildet hat, befreit werden. Das kann durch Therapien, aber auch mithilfe von Meditation geschehen. Das Herz wird dann umso reiner und strahlender von innen heraus zu leuchten beginnen.

Den meisten von uns ist im Laufe des Lebens der Kontakt zu diesem hellen, glücklichen und erfüllten Herzen verloren gegangen. Aber durch eine einfache Geste ist es möglich, sofort wieder mit Bodhichitta Kontakt aufzunehmen und sich mit dem Quell dieser unerschöpflichen Freude und Liebe neu zu verbinden.

Meditation

Nehmen Sie sich für diese Meditation eine kleine Auszeit und ziehen Sie sich an einen ruhigen Ort zurück. Stellen Sie sich aufrecht, aber entspannt hin und schließen Sie die Augen. Beobachten Sie ein paar Atemzüge lang den Fluss Ihres Atems, indem Sie den Fokus auf das Heben und Senken der Bauchdecke oder des Brustkorbs lenken.

Heben Sie dann die gefalteten Hände vor die Brust und stellen Sie sich dabei vor, wie sich dahinter ein weiter Raum öffnet, in dessen Mitte Bodhichitta wie ein Diamant strahlt. Verbeugen Sie sich und lassen Sie Bodhichitta nicht aus den Augen. Machen Sie sich bewusst, dass die Strahlen Ihres edlen Herzens alles und jeden durchdringen können. Zu Bodhichitta können Sie stets Zuflucht nehmen. Erweisen Sie der Buddha-Natur mit zwei weiteren Verbeugungen Respekt und Dankbarkeit und beenden Sie die Meditation mit ein paar bewussten Atemzügen.

Dieses uralte Ritual der Verbeugung und der Ehrerbietung könnten Sie auch spielerisch in Ihren Alltag integrieren. Es macht das Leben mit einem Mal wieder kostbar und vor allem viel lebenswerter. Fangen Sie an, sich im Stillen so oft wie möglich zu bedanken: für die Sonne zum Beispiel, die den Tag erwärmt, oder für die Farbenpracht der Blumen vorm Haus. Schenken Sie schlichtweg dem Universum oder auch dem historischen Buddha immer wieder mal ein Dankeschön. Können Sie fühlen, wie Ihnen das Herz dabei aufgeht? Es gibt tausend Gründe, sich zu bedanken und damit auch die Buddha-Natur in anderen Menschen und fühlenden Wesen zu ehren.

Tipps

Verbeugen Sie sich einfach innerlich, also in Ihrer Vorstellung, wenn Sie nicht möchten, dass jemand zusieht – oder auch in der Realität, wenn vielleicht gerade niemand zugegen ist.

Sie können diese Übung auch in regelmäßigen Abständen gemeinsam mit der Familie oder mit Freunden praktizieren: Setzen Sie sich alle im Kreis nieder. Beginnen Sie sich nach einer kurzen Zeit der Besinnung einzeln und der Reihe nach zu verbeugen. Bedanken Sie sich im Zuge dieser Verbeugung beim jeweils anderen für alles, was Ihr Herz in der vergangenen Zeit berührt hat. Machen Sie sich dabei bewusst, dass in jedem von uns Bodhichitta, das edle Herz, zu Hause ist und nur darauf wartet, zum Strahlen gebracht zu werden.

Literatur und Adressen

Rick Hanson, Denken wie ein Buddha, Irisiana

Doris Iding, Buddha fürs Büro, Irisiana

Misayo Kawashima-Meindl, Anna Cavelius, Schlank wie
ein Buddha, Irisiana

Susanne Seethaler, Buddha für die Handtasche,
Irisiana

Susanne Seethaler, Mit Buddha innere Fesseln sprengen,
Irisiana

Thich Nhat Hanh, Achtsam sprechen – achtsam zuhören,
O.W. Barth

Thich Nhat Hanh, Jeden Augenblick genießen, Herder

Adressen

Plum Village, Frankreich: www.plumvillage.org

Intersein-Zentrum, Hohenau/Bayerischer Wald:
www.intersein-zentrum.de

Susanne Seethaler, Achtsamkeits-Kochkurse:
www.susanneseethaler.de

Die Autorin

Susanne Seethaler lebt als Autorin und Köchin in München. Sie war fünf Jahre lang Assistentin des amerikanischen Zen-Kochs Edward Espe Brown in Österreich (Buddhistisches Zentrum Scheibbs) und unterrichtet selbst Kurse in achtsamem Kochen. Susanne Seethaler praktiziert seit mehr als zehn Jahren Achtsamkeitsmeditation in der Tradition des Zen-Meisters Thich Nhat Hanh und ist Schülerin von Renate Seifarth (Vipassana-Meditation).

www.susanneseethaler.de

Bildnachweis

Corbis: 105 (Victor Fraile); Fotolia: 2 (Jan Stopka), 6/7 (Pixellot), 17 (Argus), 32/33 (leungchopan), 54/55 (Floydine), 58 (natalia schuchardt), 63 (ping han), 80 (ferretcloud), 82/83 (Patrice Sarzi); Getty Images: 22/23 (Paolo Cordelli), 51 (Keren Su), 66 (Cheryl Chan); iStockphoto: 47 (rweisswald), 108 (Zzvet), 110 (Thoth_Adan); Shutterstock: U1 (yyang, MaxyM, Transia Design), 11 (supereagle), 14, 19, 30 (blue-67design), 26 (Cyril Hou), 37 (Indypendenz), 68 (szefei), 71 (f9photos), 90 (anekoho), 100 (Wasu Watcharadachaphong), 113 (Vladimir Melnik)
Autorenfoto: Caroline Gros

Impressum

Verlagsgruppe Random House FSC®N001967

Projektleitung: Nikola Hirmer
Lektorat: Diane Zilliges
Satz und Layout: Uhl + Massopust, Aalen
Korrektorat: Susanne Langer
Bildredaktion: Annette Mayer
Umschlaggestaltung und Konzeption:
Geviert – Büro für Kommunikationsdesign München,
unter Verwendung eines Bildes von Shutterstock
Litho: Regg Media GmbH, München
Druck und Bindung: Těšínská tiskárna, a. s. Český Těšín
Printed in the Czech Republic

ISBN 978-3-424-15301-9

1. Auflage 2016